Manual del autodidacta

MANUALES | **B**erenice

Gerardo Muñoz Lorente

Manual del autodidacta

Cómo formarse uno mismo

Berenice

Berenice
www.editorialberenice.com
@berenicelibros

Primera edición en Berenice: abril, 2025

Edición realizada con el patrocinio de
Patrimonio e Inmuebles Del Sol, S.L., y Fundación Frax

Berenice • Colección Manuales
Director de Berenice: Javier Ortega
Editora: Ángeles López
Corrector: Javier Alvaredo
Maquetación: Joaquín Treviño

info@almuzaralibros.com
Parque Logístico de Córdoba. Ctra. Palma del Río, km 4
C/8, Nave L2, nº 3. 14005, Córdoba

Impresión y encuadernación:
Black Print

ISBN: 978-84-10526-92-1
Depósito Legal: CO-542-2025

Impreso en España/*Printed in Spain*

Índice

Prólogo

«Que Dios nos libre de un prólogo largo», sentenció Quevedo con su inconfundible ingenio, y aunque esta advertencia pueda resultar paradójica al inicio de un texto introductorio, su sentido es claro: la mejor presentación de un libro es aquella que, sin extenderse en demasía, logra ensalzar su valor y utilidad. Este manual para autodidactas es, sin lugar a dudas, un libro oportuno y necesario, pues no solo desafía la aparente contradicción de ofrecer una guía a quienes buscan aprender por sí mismos, sino que también reivindica la esencia del conocimiento libre y no necesariamente reglado.

Podría parecer contradictorio escribir un manual para el autodidacta, del mismo modo que podría considerarse innecesario un mapa para el viajero solitario que se ufana en encontrar su propio camino. Pero si algo ha demostrado la historia del pensamiento es que la verdadera independencia intelectual no excluye el aprovechamiento de las enseñanzas ajenas, sino que las absorbe, las cuestiona y las enriquece. En este sentido, este libro no pretende dictar reglas ni imponer métodos inamovibles, sino ofrecer herramientas, ideas y estrategias que permitan al lector convertirse en arquitecto de su propio aprendizaje.

Desde tiempos inmemoriales, la figura del autodidacta ha despertado admiración y escepticismo a partes iguales. En un mundo dominado por la formación reglada, por currículos preestablecidos y títulos que validan oficialmente el conocimiento, el autodidacta es, en muchos casos, un marginado intelectual, una rara avis que se abre paso en un ecosistema educativo que tiende a desconfiar de aquellos que no han seguido el camino convencional. No obstante, la historia está repleta de mentes brillantes que desafiaron los sistemas establecidos y lograron hitos inigualables en las más diversas disciplinas: Leonardo da Vinci, Nikola Tesla, Virginia Woolf, y tantos otros, fueron autodidactas en gran medida, y su legado demuestra que el aprendizaje no es patrimonio exclusivo de las instituciones académicas.

Estas páginas tienen la virtud de integrar un enfoque multidisciplinar que trasciende la simple adquisición de conocimientos. No se limita a enumerar recursos ni a esbozar técnicas de estudio, sino que profundiza en los principios psicológicos, filosóficos y prácticos que subyacen al acto de aprender. Explora, con rigor y amenidad, la relación entre el autodidactismo y la neurociencia, analiza las ventajas y desventajas de la educación formal, y reflexiona sobre el pensamiento crítico, la creatividad y la disciplina personal, elementos todos ellos fundamentales en la formación de un espíritu libre y autónomo.

La lectura, la escritura, la conversación, la observación y la experimentación son algunas de las herramientas esenciales que este libro pone en valor. Especialmente destacable es el capítulo dedicado a la lectura, donde se expone cómo el acto de leer no solo es una vía de acceso al conocimiento, sino un medio para desarrollar el pensamiento crítico. El autor analiza cómo la proliferación de información en internet ha reducido la capacidad de lectura profunda y ofrece estrategias para recuperar la concentración y la capacidad de análisis. Asimismo, el capítulo sobre «Pensar despacio» invita a la reflexión pausada y meticulosa, en contraste con la rapidez vertiginosa con la que se consumen datos en la actualidad.

Aprender a aprender, en definitiva, es el verdadero arte que todo autodidacta debe dominar, y en estas páginas se hallan las claves para lograrlo. Al lector le aguarda una guía perspicaz y bien documentada, capaz de estimular la curiosidad y el deseo de saber sin imponer verdades absolutas. En un tiempo donde la información fluye en torrentes inagotables, pero el conocimiento sigue siendo un bien escaso, esta obra es un faro en la bruma de la ignorancia complaciente.

Si algo puede garantizar este libro es que, tras su lectura, el lector no será el mismo. Se habrá sumergido en una reflexión profunda sobre el significado del aprendizaje y, quizá, habrá hallado el impulso necesario para emprender su propio camino de formación. Porque ser autodidacta no significa aprender en soledad, sino aprender con libertad.

Ángeles López, escritora y editora.

Aprendizaje y neurociencia

Gracias al Proyecto BRAIN,[1] que lleva desde 2013 investigando el cerebro humano a través del avance de las neurotecnologías innovadoras, conocemos cada vez con mayor detalle el funcionamiento del cerebro. Se ha descubierto, por ejemplo, que este tiene más de tres mil tipos de neuronas y células gliales distintas y se ha podido cartografiar las diversas regiones cerebrales, evaluando las diferencias entre las de personas distintas, estudiar cómo evoluciona el cerebro desde la etapa prenatal hasta la edad adulta y comparar el cerebro humano con los de otras especies.[2]

Que los niños aprenden más en cantidad y rapidez que los adultos es algo que siempre se ha sabido, aunque no ha sido hasta hace poco que la ciencia ha logrado descubrir la clave.

---

1 Brain Research thorough Advancing Innovative Neurotechnologies (BRAIN, cerebro en inglés) es un proyecto ideado por el neurobiólogo español Rafael Yuste, que tuvo el apoyo del presidente de los Estados Unidos, Barack Obama, por lo que recibe financiación de varias agencias federales estadounidenses, así como diversas fundaciones privadas.

2 CORBELLA, Josep. «El atlas más detallado del cerebro humano abre una nueva era en la neurociencia». *La Vanguardia*, 12 octubre 2023. Las células gliales son las encargadas de mantener y complementar a las neuronas. https://www.lavanguardia.com/ciencia/20231012/9294670/atlas-mas-detallado-cerebro-humano-abre-nueva-neurociencia.html

Según una investigación de neurocientíficos de la Universidad de Brown (EE. UU.) publicada en la revista *Current Biology* en diciembre de 2022, la clave se llama GABA (siglas en inglés del ácido gamma-aminobutírico), un neurotransmisor que desempeña un papel fundamental en el momento de estabilizar todo aquello que aprendemos. Los retos de aprendizaje provocan que el cerebro de los niños genere un aumento rápido de los niveles de este neurotransmisor, mientras que en los adultos la concentración de esta molécula es estable.[3] El cerebro del niño al nacer tiene un 40 % de las neuronas que tendrá en edad adulta y durante los primeros cinco años de vida triplicará su tamaño y peso. A los seis años ya tiene casi todas las neuronas que utilizará durante el resto de su vida, si bien seguirá desarrollando la capacidad de crear nuevas conexiones neuronales.[4]

El neurotransmisor GABA está ampliamente distribuido en las neuronas del córtex cerebral, las cuales lo utilizan a la hora de comunicarse entre sí a través de los espacios sinápticos. Su función es inhibitoria, ayudando a controlar el miedo y la ansiedad cuando las neuronas se sobreexcitan.[5]

El aprendizaje es innato en los niños, pero su desarrollo depende del entorno. Si los bebés no utilizan las partes de su

---

3 FRANK, Sebastian M., BECKER, Markus, QI, Andrea, GEIGER, Patricia, FRANK, Ulrike I., ROSEDAHL, Luke A., MALLONI, Wilhelm M., SASAKI, Yuka, GREENLEE, Mark W. y WATANABE, Takeo. «Efficient learning in children with rapid GABA boosting during and after training». *Current Biology*, 5 diciembre 2022. https://www.cell.com/current-biology/pdfExtended/S0960-9822(22)01629-3 / SÁEZ, Cristina. «Los científicos descubren por qué los niños aprenden mucho más rápido que los adultos». *La Vanguardia*, 15 noviembre 2022 / laSexta.com. Europa Press: https://www.lasexta.com/noticias/ciencia-tecnologia/aprenden-adultos-mas-rapido-que-ninos-estudio-afirma-explica-razon_202211156373bc9d24a04a0001d2fecd.html

4 ROJAS MARCOS, Luis. *Somos lo que hablamos*. Barcelona, 2019, p. 64 / BUENO, David. *Educa tu cerebro*. Barcelona, 2024, pp. 85-86.

5 GARCÍA-ALLEN, Jonathan. «GABA (neurotransmisor): qué es y qué función desempeña en el cerebro». *Psicología y Mente*, 21 abril 2016, https://psicologiaymente.com/neurociencias/gaba-neurotransmisor

cerebro que activan determinadas facultades, no desarrollarán los circuitos necesarios para reforzarlas y perfeccionarlas. Esto sirve tanto para el aprendizaje del lenguaje como de la lectura o de la empatía.[6] Las emociones son importantes en el proceso de aprendizaje, siendo la motivación un elemento decisivo.

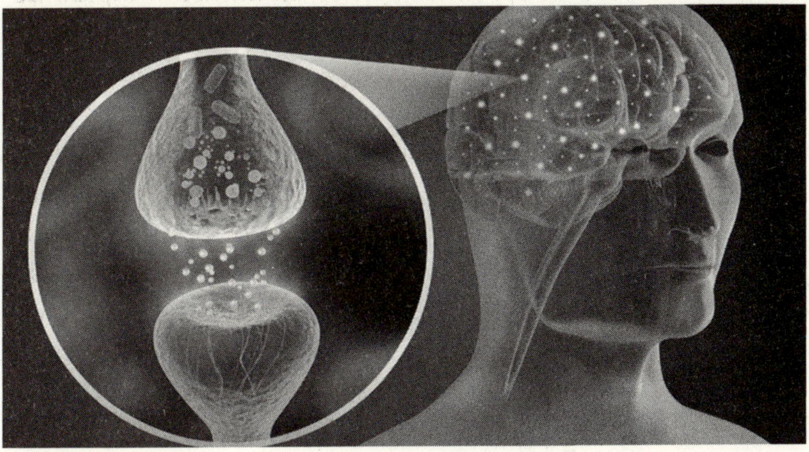

Sinopsis neuronal (INVIDES).

El estudio del cerebro humano ha descubierto importante información acerca de cómo aprendemos, llegándose a la conclusión de que el aprendizaje puede inferir cambios neurofisiológicos, también entre adultos. «El aprendizaje esencialmente comprende cambios y conexiones: la liberación de neurotransmisores en la sinapsis puede alterarse, o las conexiones entre neuronas pueden reforzarse o debilitarse. El éxito de la enseñanza afecta directamente las funciones del cerebro modificando, variando las conexiones [...], la mayor parte del tiempo el cerebro lleva a cabo sus conexiones de una manera que

6 *Cf.* TURKLE, Sherry. *En defensa de la conversación. El poder de la conversación en la era digital.* Barcelona, 2017, pp. 128, 133-134, 199.

podríamos llamar aceptable o satisfactoria, pero cuando las conexiones cambian, la personalidad también puede cambiar; si el yo puede desarmarse por las experiencias que modifican las conexiones, también puede volver a armarse por las experiencias que establece, o cambiar o renovar las conexiones».[7]

---

7 BARRERA, María Laura de la y DONOLO, Danilo. «Neurociencias y su importancia en contextos de aprendizaje». *Revista Digital Universitaria*, 10 de abril de 2009, vol. 10, n.º 4, https://www.revista.unam.mx/vol.10/num4/art20/int20-4.htm#up

Formación reglada

¿Es lo mismo enseñar que educar? A simple vista parecen sinónimos; sin embargo, tienen matices diferenciadores relevantes. Enseñar es instruir en el uso de una herramienta o de una técnica, mientras que educar es desarrollar las facultades intelectuales y morales de quien aprende. Más completa parece la definición de formar o formarse en su cuarta acepción académica: «Preparar intelectual, moral o profesionalmente a una persona o a un grupo de personas».

La educación ha tenido diferentes conceptos y modos de aplicación a lo largo de la historia, dependiendo del lugar y de la civilización de que se trate. En Europa, el tipo de educación que se extendió con mayor éxito durante siglos fue la heredera de la *paideía* griega, de donde procede la actual paidología o ciencia que estudia al ser humano en su estado de desarrollo infantil y juvenil, diferente y complementaria de la pedagogía, que estudia los procesos de enseñanza y aprendizaje de los estudiantes.

El modelo homérico de la educación, reservada para la élite social, fue democratizado por Hesíodo, quien la extendió al conjunto de los ciudadanos. Se creó una sistematización de las materias que se debían enseñar, distribuidas en varias etapas consecutivas, desde los siete años de edad (que el niño recibía educación en casa), hasta los veinte años, pasando por una educación en la escuela elemental hasta los catorce y, a partir de los quince, que aprendía contenidos más amplios y complejos. Esta paidología influyó determinantemente en la *humanitas* o educación romana.[8]

Durante la Edad Media la educación volvió a limitarse a las clases más altas de la sociedad, además de a los clérigos. Se impartía inicialmente en las escuelas de los monasterios y consistía básicamente en la mnemotecnia y la disciplina. Aunque Carlomagno (742-814) abrió las escuelas a todos los niños, no solo a los aristócratas y a los futuros religiosos, los humildes continuaron sin tener acceso a la enseñanza superior. Los estudios más elementales seguían siendo impartidos por frailes de manera gratuita, consistentes en lecciones orales principalmente de religión. En general no se enseñaba a leer ni a escribir. Solo a los hijos de nobles, a los que iban a seguir una vida monástica y aquellos, pocos, que mostraban especiales aptitudes para aprender, se les enseñaba a leer y a escribir en latín. Los estudios superiores, pues, estaban reservados para estos últimos y se impartían en las escuelas que dependían de las catedrales. Los estudiantes de familias ricas y nobles pagaban a sus maestros, mientras que los estudiantes de familias pobres disfrutaban de una especie de beca y casi siempre eran guiados hacia la vida eclesiástica.

De estas escuelas catedralicias surgieron en el siglo XII las universidades y, con el Renacimiento, apareció el humanismo pedagógico. Pero la formación del discípulo continuaría basándose en la transmisión de la cultura recibida de las generaciones anteriores, especialmente de los saberes clásicos, filtrados convenientemente por la religión cristiana. Bajo el criterio de

---

8 ROJANO SIMÓN, Marta. «La *padeia* griega». *Temas para la Educación*, n.º 5, noviembre 2009. https://www.feandalucia.ccoo.es/docu/p5sd6290.pdf

los pedagogos humanistas se establecieron los gimnasios (institutos o liceos) en las ciudades y las academias provinciales, que complementaban los estudios recibidos por los niños en la escuela maternal, que se seguía dando en los hogares familiares.

Enseñanza en la Edad Media.

Paralelamente existía la enseñanza gremial. Corporación nacida en la antigüedad, el gremio reunía a maestros, oficiales y aprendices de un mismo oficio, que en la Edad Media se consolidó como una alternativa profesional a la enseñanza académica. Regidos por ordenanzas propias, cada gremio establecía los derechos y las obligaciones de sus miembros desde que ingresaban como aprendices. A cambio de obediencia, fidelidad y trabajo, estos recibían de sus maestros manutención, adiestramiento y cierta compensación económica. Algunos grandes artistas del Renacimiento no estudiaron en universidades, seminarios o demás centros educativos superiores, pero fueron educados por sus maestros, siguiendo el sistema establecido por su respectivo gremio. Un ejemplo lo tenemos en Leonardo da Vinci. Se formó en el taller de Verrocchio durante su juventud, donde no solo aprendió a pintar, sino también recibió nociones de química, metalurgia, mecánica, escultura, carpintería, aritmética. Cuando tenía veinte años fue registrado en el Libro rojo del Gremio de San Lucas de Florencia, al que pertenecían artistas y médicos. Como no recibió estudios académicos, ¿podemos considerarle autodidacta? Teniendo en cuenta que la educación gremial que recibió debió de ser bastante completa, no parece el caso de quien se autoeducó, si bien es cierto que durante su vida estudió, investigó y perfeccionó sus conocimientos por su cuenta. En cualquier caso, es oportuno establecer una fecha aproximada a partir de la cual podemos hablar del autodidactismo tal como lo entendemos ahora; y esta podría ser el inicio de la Edad Moderna.

La enseñanza tradicional, formal o reglada que se imparte en instituciones públicas, concertadas o privadas, reguladas por el Ministerio correspondiente, ha cosechado a lo largo del tiempo infinidad de críticas: desde la carencia de calidad y eficiencia hasta la alta tasa de fracaso escolar, pasando por la desmotivación de profesores y alumnos, el fomento de actitudes pasivas, de limitar la formación a la suma de influencias sobre un individuo o la falta de estímulo al sentido crítico y la iniciativa propia.

Estas críticas vienen arrastrándose desde hace siglos:

> No aprendemos gracias a la escuela, sino gracias a la vida.[9]

> Toda la instrucción posible se adquiere con la vida y no con la escuela.[10]

---

9 SÉNECA. *Epistolario.* En *Séneca*, Pierre Grimal. Gredos, 2023.

10 TOLSTOI, León. *La instrucción pública.* En *Epistomología, ética y ciencias de la educación*, Jean-Claude Filloux. Córdoba, Argentina, 2008.

> Es en la escuela donde se comienza a dejar de ser uno mismo.[11]

> Es casi un milagro que los modernos métodos de enseñanza no hayan estrangulado ya la sagrada curiosidad de la investigación, pues aparte de estímulo, esta delicada planta que es la curiosidad necesita sobre todo libertad.[12]

Desde la UNESCO se han divulgado varios informes durante los últimos años relacionados con la necesidad de reorientar la enseñanza conforme a los cambios sociales, culturales y tecnológicos que tan rápidamente se están produciendo en el mundo (*Aprender a ser: la educación del futuro*, 1972; *La educación encierra un tesoro*, 1996; *Replantear la educación*, 2015). En estos informes se propone una reorientación encaminada a la convergencia entre el aprendizaje intencionado y el autónomo.[13]

AUTOAPRENDIZAJE EN LA ENSEÑANZA REGLADA

Para José Bahamón, esta reorientación de la enseñanza plantea a las instituciones de la educación una nueva meta: «Formar individuos autónomos, capaces de adquirir información por su cuenta, de juzgar la validez de dicha información y hacer, a partir de ella, inferencias racionales, lógicas y coherentes»; es decir, la dotación a los estudiantes de capacidades intelectuales tales como el aprendizaje individual permanente.[14] El psi-

---

11 TOURNIER, Achille. *Pensamientos de otoño.* En *El gran libro de las frases célebres*, Arturo Ortega. México, 2013.

12 Albert EINSTEIN. Citado por IBÁÑEZ, Ana. *Sorprende a tu mente.* Barcelona, 2023, p. 191.

13 UNESCO: https://unesdoc.unesco.org/ark:/48223/pf0000232697

14 BAHAMÓN LOZANO, José Hernando. *El aprendizaje individual permanente: ¿cómo lograr el desarrollo de esta capacidad de los estudiantes?* Universidad ICESI. Cali, Colombia. http://repository.icesi.edu.co/biblioteca_digital/handle/10906/930

cólogo Robert J. Sternberg coincide en que «la enseñanza no debe limitarse a la transmisión de conocimientos, sino insistir en el desarrollo integral de la inteligencia». Una inteligencia que distingue tres tipos: analítica, creativa y práctica, por lo que cree que lo ideal es «una combinación de todas. Usas la creatividad para generar ideas, pero todo el mundo tiene malas ideas, ¡hasta Einstein!, y necesitas habilidades analíticas para discernir si son buenas. Pero también se necesitan habilidades prácticas para comunicar las ideas de una manera que la gente pueda entender».[15] La teoría de las inteligencias múltiples fue planteada al inicio de la década de 1980 por el psicólogo estadounidense Howard Gardner como contrapeso al paradigma de una inteligencia única. Propuso ocho tipos de inteligencia: lingüística, lógico-matemática, espacial, musical, corporal-cinestésica, intrapersonal, interpersonal y naturalista.[16] Pero, si bien psicológicamente esta teoría puede ayudar a comprender la complejidad de la inteligencia humana, lo cierto es que no ha sido ratificada neurocientíficamente. «El cerebro funciona como un todo integrado, de modo que no es realista describir la inteligencia como un conjunto parcelado de características independientes», afirma el genetista David Bueno.[17]

Uno de los principales obstáculos que presenta la educación reglada es que todos los alumnos están obligados a aprender las mismas materias y al mismo ritmo. Es por ello que cada vez hay más defensores del autoaprendizaje como complemento a la educación formal, instando a los profesores a que se involucren en la enseñanza del autoaprendizaje del alumnado, así como en un mayor proceso de motivación del mismo.

---

15 SILIÓ, Elisa. «Robert J. Sternberg, psicólogo: "Tus habilidades intelectuales cambian, la inteligencia se va aprendiendo"». *El País,* 20 junio 2023. https://elpais.com/educacion/2023-06-20/robert-j-sternberg-psicologo-tus-habilidades-intelectuales-cambian-la-inteligencia-se-va-aprendiendo.html

16 *Cf.* GARDNER, Howard. *Inteligencias múltiples.* Barcelona, 2019.

17 BUENO, David, *op. cit.*, pp. 42, 50.

En una clara apuesta por la enseñanza del autoaprendizaje, Nancie Atwell, ganadora del Global Teacher Prize, premio considerado como el Nobel de la enseñanza y dotado con un millón de dólares, fundó en 1990 el Centro para la Enseñanza y el Aprendizaje en Edgecomb (EE. UU.). En su método de enseñanza no hay exámenes y los niños deciden sobre qué materias profundizar. Los alumnos eligen los libros que quieren leer y los temas sobre los que quieren escribir. En los de grados superiores leen más de cuarenta libros al año.[18]

Sin embargo, a pesar de que las ventajas que supone el autoaprendizaje en la enseñanza reglada son evidentes (fomentar la curiosidad, la investigación, la disciplina y la autoestima), la mayoría de los padres y de los centros de educación se muestran aún remisos a aceptarlo, atrincherados en una rigidez académica a todas luces obsoleta.

Desafortunadamente son todavía muchos los profesores que siguen prefiriendo la enseñanza memorística y los exámenes objetivos, desechando el fomento de la reflexión y la investigación en el estudiante, así como la implantación de evaluaciones individuales y a libro u ordenador abierto.

Cuando estudié sexto de bachillerato y el curso de orientación universitaria en un internado madrileño, allá por los primeros años de la década de 1970, recuerdo con cariño que tuve un profesor que nos impartió a mis compañeros y a mí clases de Filosofía e Historia del Arte. Se llamaba Trinidad. A diferencia de todos los demás profesores que había tenido antes y de los que tuve entonces, don Trinidad se quejaba de que nos obligaran a estudiar a las siete y media de la mañana porque decía que, a esa hora y a

---

18 «Lectura y autoaprendizaje: las claves para la educación de la "Nobel de la enseñanza"». *La información*, 15 septiembre 2015. https://www.lainformacion.com/economia-negocios-y-finanzas/lectura-y-autoaprendizaje-las-claves-para-la-educacion-de-la-nobel-de-la-ensenanza_jpthbgdwauniuepifi6a4/

nuestra edad, lo recomendable era que estuviéramos durmiendo. Sesentón, delgado, canoso y de voz grave, muchas mañanas lo primero que hacía al entrar en el aula era abrir una ventana y, mirando al exterior con los brazos abiertos, clamaba: «¡Oh, sol, yo te saludo! Concédenos un día sano, amable, rico en sabiduría y amistad». Por supuesto el saludo cambiaba a veces y rogaba otros dones, siempre de ese estilo. Casi nunca aludía en sus clases a los libros de texto, que nos dejaba consultar libremente cuando se veía obligado a someternos a un examen por imperativo de la dirección del centro. Así descubrí que sus plegarias matutinas eran un remedo más o menos espontáneo, siempre simpático, de la plegaria de Sócrates que Platón escribió en Fedro: *«Oh, Pan querido, y demás dioses de este lugar, concededme el ser bello en mi interior. Y que cuanto tengo al exterior sea amigo de lo que hay dentro de mí. Ojalá considere rico al sabio, y sea el total de mi dinero lo que nadie, sino el hombre moderado puede llevarse consigo o transportar. ¿Necesitamos pedir algo más, Fedro? A mí lo que he suplicado me basta».*

Don Trinidad, 1972.

En una de las pocas fotografías que conservo de mi paso por aquel internado aparece don Trinidad rodeado por multitud de rostros jóvenes, risueños, agradecidos.

Muchos años después, mis labios forjaron una sonrisa nostálgica al leer la siguiente frase: «Si preguntas a aquellas personas que han estudiado durante toda su vida de dónde procede su pasión por aprender, generalmente hablan de un profesor que los inspiró y los marcó profundamente».[19]

UNIVERSIDAD

De las escuelas catedralicias medievales surgieron las universidades europeas en el siglo XII.

Considerando que la mujer tuvo vetado su ingreso a la universidad hasta hace relativamente poco, resulta curioso y hasta paradójico que la universidad más antigua que todavía funciona en el mundo la fundara una mujer, y musulmana, además. Fatima al-Fihri (800-880), hija de un rico comerciante de Kairuán o Qayrawán (actual Túnez), se mudó con su familia a Fez cuando su padre fue desterrado. Llegaron con lo poco que no les fue confiscado y abrieron un comercio con el que volvieron a hacer fortuna. Tras la muerte de su padre y de su esposo, junto con su hermana Mariam, Fatima decidió usar la herencia para crear un lugar de enseñanza a los jóvenes. Así, en el año 859, empezó la construcción, que duraría dos años, de una mezquita y una madrasa con una humilde biblioteca en la que, además del Corán, se enseñaba lingüística, gramática, derecho, música, medicina y astronomía, convirtiéndose en poco tiempo en una institución mundialmente famosa. En la actualidad, esta universidad se encuentra en el corazón de la medina de Fez y está considerada por la

19 TURKLE, Sherry, op. cit., p. 264.

UNESCO como la más antigua del mundo que sigue en funcionamiento. Existieron otros centros de enseñanza similares más antiguos, como el de Taxila (actual Pakistán), centro de enseñanza hinduista y budista entre el siglo V a. C. y el II d. C., reabierto en el siglo XX como Universidad de Ingeniería; o el de Nalanda (la India), ilustre centro de enseñanza entre los siglos V y XII d. C., con unos 2.000 profesores y 10.000 estudiantes, que atrajo a académicos de China, Corea, Japón, Tíbet, Mongolia, Turquía y otros países asiáticos, que fue reabierta como universidad en 2006; o como las aún más antiguas escuelas de escribas sumerias, las edubas, existentes en Mesopotamia durante el último tercio o principios del segundo milenio a. C. En cualquier caso, la fasí Universidad de Al Qarawiyyin fue creada 230 años antes de la fundación de la primera universidad europea, la de Bolonia (1088), y 360 años antes que la española de Salamanca (1218).

La Universidad Al Qarawiyyin en la medina de Fez.

Importancia del título académico oficial

Durante los últimos siglos, estudiar y graduarse en una universidad ha servido para adquirir unos conocimientos básicos e impuestos, relacionarse con personas que pueden ayudar para encontrar o desarrollar un trabajo y, por supuesto, para obtener un título que valida los conocimientos adquiridos.

Pero el conocimiento adquirido en las facultades queda obsoleto con mayor o menor rapidez, según la materia estudiada, debido al trepidante avance que se produce sobre todo en ciencia y tecnología.

Los graduados tienen poca o ninguna mejora en habilidades de pensamiento crítico. Según un estudio elaborado por el College Learning Assessment Plus (CLA+), realizado en más de doscientas universidades estadounidenses, «en algunas de las universidades de referencia más prestigiosas, los resultados del examen indican que el graduado medio muestra poca o ninguna mejora en pensamiento crítico a lo largo de cuatro años». Por lo que muchos de estos estudiantes universitarios no están aprendiendo en realidad habilidades valiosas de cara al mercado laboral. En consecuencia, según Jonathan Newman, del *Mises Institute*, «los empresarios están empezando a desconsiderar también la señal de la licenciatura. A Google, por ejemplo, no le importa si los potenciales contratados tienen un grado universitario. Prefieren otras credenciales académicas en busca de otras características que predigan mejor el rendimiento laboral».[20]

---

20 BELKIN, Douglas. «Cómo respondieron las universidades a las preguntas sobre su desempeño en la prueba College Learning Assessment Plus». *The Wall Street Journal*, 5 junio 2017 / NEWMAN, Jonathan. «Cuatro razones por las que los grados universitarios se están convirtiendo en inútiles». *Mises Wire*, https://mises.org/es/wire/cuatro-razones-por-las-que-los-grados-universitarios-se-estan-convirtiendo-en-inutiles

«Un título no es suficiente para aprender a programar».[21]

A pesar de todo, apenas sí se percibe un ápice de autocrítica en la universidad española. La endogamia endémica que padece la mayor parte del profesorado universitario desde hace muchas décadas les obliga a vivir en un mundo hermético y cada vez más despegado de la realidad social y laboral. «La endogamia de la universidad española todavía pesa demasiado», ha reconocido Ana Crespo, presidenta de la Real Academia de Ciencias,[22] y el catedrático de Ciencias Políticas y de la Administración de la Universidad Pompeu Fabra de Barcelona, Carles Ramió, autor del ensayo *La universidad, en la encrucijada* (2023), advierte de la amenaza de que la universidad española se convierta en algo marginal, debido a que no ha cambiado en setecientos años. «El Ministerio de Educación va a terminar haciendo títulos sin las universidades. Se va a cansar de que el 50 % de los profesores tengan que ser doctores» por imposición de las universidades. A las empresas españolas no les gusta el perfil actual de titulado y están preparándose, como algunas extranjeras, a tener su propia universidad. Fundación Telefónica, por ejemplo, lleva desde 2019 abriendo Campus 42 en distintas poblaciones españolas para formar programadores de manera gratuita. Basada en la filosofía de *aprender a aprender*, el único requisito para inscribirse es tener más de dieciocho años. No son necesarias titulaciones ni formación previa. «Estas universidades van a terminar acreditadas por Educación». Los títulos extendidos por estas instituciones conseguirán «cierta oficialización de la Administración y, si no, los oficializará el mercado. Con lo cual, si el mercado reconoce a

---

21 HackerRank. *Informe de desarrollador estudiantil 2018*. https://www.hackerrank.com/research/student-developer/2018

22 ANSEDE, Manuel. «Ana Crespo, presidenta de la Real Academia de Ciencias: "La endogamia de la universidad española todavía pesa demasiado"». *El País*, 28-8-2024.

otros lo mismo o más, tener el título universitario solo va a servir para ser funcionario». En cuanto a la alta tasa de abandono universitario en el primer curso, Ramió apunta como una de las principales causas a que los mejores profesores se reservan para dar clases en los últimos cursos. «Creo que en muchas ocasiones no es que los alumnos se hayan equivocado de carrera, es que no hemos sido capaces de que se enamoren de la materia. Y eso solo se consigue con los mejores espadas, pero estos se piden másteres, que son clases muy especializadas. Los buenos se escapan porque tienen poder interno. El incentivo siempre es dar menos clase, parece que sea una condena».[23]

Por otra parte, existe en el ámbito universitario una diferencia importante entre las entidades públicas y privadas. Mientras las universidades públicas pueden servir de ascensor social y garantizan las mismas posibilidades para todos los estudiantes, las privadas se convierten en centros elitistas que aseguran titulación a cambio de dinero. Como negocio rentable que es, la educación universitaria ha ganado el interés de fondos de inversión (como la gestora británica de capital riesgo CVC, que compró la Universidad Alfonso X el Sabio en 2019 por más de mil millones de euros, o el sueco EQT, que compró en abril de 2024 la Universidad Europea de Madrid y la valoró por 2.200 millones). Y cada vez son más: desde 1998 se han creado 30 universidades privadas y ninguna pública en España. A mediados de 2024 ya hay 43 y están proyectadas otras nueve. Algunas están reconocidas como universidades *chiringuitos* (creadas desde el funcionalismo y el pragmatismo del neocapitalismo mercantil), cuyos títulos valen oficialmente lo mismo que los

23 SILIÓ, Elisa. «Carles Ramió: "El título universitario solo va a servir para ser funcionario si el mercado reconoce a otros"». *El País,* 8 enero 2023. https://elpais.com/educacion/universidad/2023-01-08/carles-ramio-el-titulo-universitario-solo-va-a-servir-para-ser-funcionario-si-el-mercado-reconoce-a-otros.html

de las universidades más prestigiosas, si bien los empleadores suelen distinguirlas.[24]

Como veremos, cada vez surgen más posibilidades de trabajar por cuenta propia o encontrar un buen empleo sin necesidad de tener un título universitario, pero seguirá habiendo nichos de trabajo en los que esta titulación será obligatoria. Otra cosa es que todos los que tienen un título universitario sean buenos profesionales.

> La mayor parte de lo que aprendí en Cambridge tuve que desaprenderlo penosamente más adelante. En conjunto, lo que aprendí por mi propia cuenta en una vieja biblioteca ha resultado más sólido.[25]

> Ahora soy catedrático de «(Sociología) Métodos y técnicas de investigación social». Lo de «(Sociología)» lo metieron de clavo. Sin dejar de enseñar lo que sé —«Métodos y técnicas de investigación social»—, puedo enseñar también lo que no sé —«(Sociología)»—. Para eso tengo el título. El que sabe no necesita título. El título garantiza el saber del que no sabe.[26]

En el transcurso de los dos últimos siglos fueron regulándose algunas profesiones con el objetivo de garantizar la protección de la ciudadanía que recibe estos servicios profesionales. Para ello, se prohíbe por ley ejercer algunos trabajos si no se cumple con unas condiciones determinadas, que casi siempre suelen ser la acreditación de unos estudios oficiales. Así fue como, por ejemplo, los curanderos, barberos-cirujanos, herbolarios-boticarios y parteras se vieron obligados a dejar de ejercer la medicina, enfermería y la farmacología, si carecían del

---

24 ANSEDE, Manuel. «Ana Crespo, presidenta...», art. cit.

25 RUSSELL, Bertrand. *Mis reminiscencias religiosas.* En *Historia de la filosofía occidental,* vol. 2. Madrid, 1997.

26 IBÁÑEZ, Jesús. *Del algoritmo al sujeto.* Madrid, 1998.

título académico correspondiente. Lo mismo sucedió con otras profesiones tales como la abogacía, la arquitectura o la ingeniería. La regulación de una profesión es competencia de cada país. Pero como no todas aquellas personas experimentadas en profesiones repentinamente regularizadas pudieron obtener la titulación específica requerida por razones diversas, a lo largo de la historia se han dado casos de abandono lamentables. Por ejemplo, el de James Derham, un esclavo liberto estadounidense que aprendió medicina y la practicó durante años, salvando innumerables vidas (sobre todo durante la epidemia de fiebre amarilla que padeció Nueva Orleans en 1789) y que hubo de abandonar la práctica de la medicina porque fue promulgada la ley que regulaba la profesión, haciendo imprescindible para ejercerla la obtención de un título tras pasar por la universidad, algo imposible de conseguir para Derham por ser afroamericano.

Si bien es razonable exigir la acreditación de unos conocimientos mínimos para ejercer ciertas profesiones, no resulta tan justificado la obligación de colegiarse. Herederos de los gremios medievales, los colegios profesionales fueron creados para llevar a cabo supuestamente un control independiente e imparcial de la actividad profesional que permita a la ciudadanía ejercer sus derechos con plenas garantías, además de asesorar a los propios profesionales. Pero, en realidad, este control oneroso de la actividad profesional debería recaer exclusivamente en el Estado y de manera gratuita.

En cuanto a la obligación de acreditar los conocimientos sobre una profesión para poder ejercerla mediante titulación oficial, el Real Decreto 967/2014, de 21 de noviembre, establece las siguientes profesiones: médico, veterinario, enfermero, fisioterapeuta, dentista, farmacéutico, logopeda, óptico-optometrista, podólogo, terapeuta ocupacional, dietista nutricionista, psicólogo general sanitario, ingeniero de caminos, de minas, industrial, aeronáutico, agrónomo, de montes, naval y oceánico, de telecomunicación, arquitecto, ingeniero técnico de minas, obras públicas, aeronáutico, agrícola, forestal, naval, industrial, de telecomunicación, topografía, arquitecto técnico, maestro en educación infantil y primaria, profesor de educación secundaria obligatoria y bachillerato, formación profesional y enseñanza de idiomas, abogado, procurador de los tribunales.

A pesar de no estar reguladas, para ejercer muchas otras profesiones se ha venido exigiendo durante décadas por parte de los empleadores un título académico oficial como acreditación de conocimientos previos. Esto ha propiciado la valoración desmesurada en el mercado laboral de los títulos y certificados de estudios, lo que coloquialmente conocemos como «titulitis», que también ha trascendido a las relaciones sociales, de tal manera que cuando alguien se presenta o vive ejerciendo una profesión sin poseer el título académico pertinente, generalmente (sobre todo entre los universitarios) se le considera un pretencioso, un falsario o, en el mejor de los casos, un intruso.

Es por esto que el conocido como *síndrome del impostor* se da en mayor proporción entre los autodidactas exitosos, especialmente en las mujeres y al comienzo de su carrera. Este fenómeno psicológico se produce cuando la persona cree que su éxito es fraudulento y teme ser desenmascarada en cualquier momento. Esta perturbadora sensación obedece a que, pese a sus evidentes habilidades y alto rendimiento (logrado a veces sin grandes esfuerzos), cree esta persona que no es lo bastante inteligente ni capaz ni merecedora de los elogios que recibe.

La realidad es que, incluso en disciplinas tan sensibles para el bienestar de las personas como es la medicina, la obtención de un título académico no garantiza los conocimientos suficientes para ejercer esta profesión de manera satisfactoria. Es imprescindible la experiencia. Es la práctica prolongada la que proporciona el conocimiento o la habilidad necesaria para ejercer bien la medicina, como cualquier otro oficio. Hasta el punto de que, si por cualquier circunstancia, debe elegirse entre titulación y experiencia, siempre es preferible esta última. Podemos ilustrar esta aseveración con lo sucedido en China con los llamados *doctores descalzos.*

El programa de los *doctores descalzos*

Aunque las epidemias y la mala sanidad eran tradicionales en China, en la segunda mitad de la década de 1960 y primeros años de la de 1970 descendieron de manera importante el número de pacientes en las zonas rurales. En 1974, el estadounidense Phillip Lee, doctor y profesor de medicina social de la Universidad de California, visitó China y escribió en un artículo publicado en *Western Journal of Medicine,* que «se ha reducido fuertemente el índice de mortalidad, en particular la mortalidad infantil [...]. Las mayores enfermedades epidémicas han sido controladas y el estado de nutrición ha mejorado».

Aquella mejora se debió a la creación en 1965 por el Gobierno chino de un programa de entrenamiento médico básico que se impartió a algunos campesinos para que pudieran dar atención sanitaria en sus poblados. El programa se inició en 1968.

Aunque en realidad quienes ejercieron como *doctores descalzos* no eran médicos ni iban descalzos, el nombre surgió porque a veces tenían que quitarse los zapatos para trabajar en los campos de arroz.

Eran elegidos entre los jóvenes de ambos sexos con más formación, aunque no tuvieran ningún entrenamiento o conocimiento de medicina, por los propios habitantes de cada aldea, que también los financiaban. Solían tener el graduado de secundaria y recibían una formación básica en el hospital municipal o comunitario que duraba entre tres y seis meses. Les suministraban algunos medicamentos de procedencia occidental, como aspirinas y penicilina, que mezclaban en sus botiquines con otros tradicionales chinos, como hierbas, raíces, acupuntura. La mayoría completaron sus conocimientos de manera autodidacta a través de diversas fuentes, sobre todo bibliográficas y testimoniales, algo realmente difícil debido a las nefastas consecuencias que tuvo para el país la Revolución Cultural (1966-1979) por la eliminación de la educación superior, la quema de libros y el asesinato de decenas de miles de intelectuales. Algunos de ellos practicaban aplicando inyecciones a los animales.

Doctora descalza atendiendo a un niño (WordPress).

El éxito del trabajo de los *doctores descalzos* se debió tanto a la confianza que generaban entre los pacientes (que solían ser parientes, amigos o conocidos) como a la atención preventiva, difundiendo información básica de planificación familiar y sobre higiene (evitando muertes por enfermedades como el cólera) y suministrando vacunas de manera masiva que lograron contener epidemias tan importantes como la viruela.

En casi todas las aldeas chinas, incluso en las más remotas, había un *doctor descalzo*. La revista científica *The Lancet* publicó un estudio en el que se afirmaba que el sistema rural de cooperación médica, como se llamaba oficialmente el programa de *doctores descalzos*, estaba presente al final de los años 60 en el 90 % de los pueblos rurales de China.

Demostración es esta de que la titulación, y mucho menos la colegiación, son prescindibles, especialmente en casos de extrema necesidad. La Organización Mundial de la Salud no solo elogió el programa de los *doctores descalzos*, sino que le sirvió de ejemplo para fomentar la atención médica básica en las comunidades locales por medio de la Declaración de Alma-Alta firmada en 1978.

En 1981 se dio por finalizado el programa de *doctores descalzos* al abolirse las cooperativas agrícolas, pasando la nueva política económica del enfoque colectivo al individual, privatizándose el sistema médico. A los *doctores descalzos* se les ofreció la oportunidad de convertirse en médicos de aldea tras pasar un examen. Los médicos empezaron a cobrar a sus pacientes por sus servicios, por lo que la cobertura sanitaria en las zonas rurales descendió en apenas tres años del 90 al 4,8 %.

En 2008, un artículo de Jonathan Watts en *The Lancet* aseguraba que «dos tercios de los médicos de aldea que atienden en la China rural comenzaron su entrenamiento como "doctores descalzos"», incluido Chen Zu, que fue ministro de Salud entre 2007 y 2013.

No se trata de ir en contra de la enseñanza superior reglada

Estar a favor del autodidactismo no supone, desde luego, estar en contra de la enseñanza superior reglada. Lo que ocurre es que este tipo de enseñanza precisa incorporar el concepto de educación permanente para resultar mínimamente eficiente. Es necesario que se revisen los esquemas tradicionales de la educación superior, basados en métodos desfasados. Los planes de estudio universitarios no pueden incorporar los conocimientos científicos y tecnológicos al mismo ritmo en que se producen y aparecen en el mercado. Por eso hay que preparar al estudiante para que, una vez obtenido el título y abandone la universidad, esté capacitado para el aprendizaje individual permanente, o lo que es lo mismo, el autoaprendizaje. «Los programas de informática —por ejemplo— van a la zaga del ritmo al que evoluciona la tecnología. Para las habilidades que están creciendo en la industria actual, como los últimos marcos, los estudiantes deben confiar en el autoaprendizaje para aprender».[27] La educación ha de desarrollarse durante toda la vida, al menos laboral, para que los conocimientos del individuo estén siempre actualizados. Hay una frase de Aristóteles, citada numerosas veces a lo largo de la historia, que dice: «La educación es un camino que nunca se acaba, es un proceso de perfeccionamiento a lo largo de toda la vida; por eso la educación dura tanto como dura la vida de la persona».

Desafortunadamente, esta enseñanza integral en las universidades no se fomenta debido principalmente a la despreocupación y hasta la contumaz negación de las limitaciones de la tradicional enseñanza superior de quienes se empeñan en mantener un sistema caduco. Y esto se refleja en el constante descenso de la presencialidad en las aulas universitarias, incrementado a partir de la pandemia de 2020. Según un informe de la Fundación Conocimiento y Desarrollo publicado a mediados de diciembre de 2023, «la necesidad de compaginar los estudios con el trabajo, las facilidades para encontrar la

---

27 HackerRank, *Informe del desarrollador…*, op. cit.

información en línea o la falta de motivación forman parte del cóctel de motivos expresados por el alumnado que amenazan con agravar esta tendencia».[28]

De nada o muy poco ha servido la pretensión de llevar a la práctica conceptos que permitan a los profesores gestionar eficientemente el aprendizaje de sus alumnos mediante la actividad conjunta y la comunicación. Como, por ejemplo, el concepto Zona de Desarrollo Próximo, planteado por el psicólogo Lev Semionovich Vygotskiĭ en 1987, que se refiere a la distancia existente entre el desarrollo psíquico actual del sujeto y su desarrollo potencial, en el que se exponen las razones por las cuales la gestión del profesor ha de sustentarse en la ampliación de la *zona de desarrollo próximo* de sus estudiantes.

> [...] se necesita, y con fundamento, un tinte de mayor creatividad en la educación. Los tiempos que transcurren, el hoy de nuestro sistema educativo, obliga a un sinfín de cambios. Alumnos y docentes deben ser hábiles y creativos en sus maneras de resolver problemas, en sus tomas de decisiones, autogeneradas, producto de los vertiginosos cambios de nuestra sociedad. Por ello, opinamos que la creatividad se puede favorecer y creemos esencial que se haga. Más aún desde ámbitos universitarios, a los que día a día debemos entender como sedes propicias de construcción de conocimientos innovadores y no puros reproductores de saberes (sin olvidar que las dos cuestiones son importantes).
>
> [...] los alumnos llegarán a ser sujetos creativos y autónomos en sus aprendizajes y en su desarrollo profesional, en la medida que se les enseñe desde cada área o desde cada disciplina, a desarrollar tres tipos de pensamiento esenciales: uno de tipo analítico en tanto enseñarles habilidades tales como

28 ALEMANYSARA CASTRO, Pau. «Sillas vacías en la universidad: "Preferiría aprovechar el tiempo adelantando la asignatura por mi cuenta"». *El País,* 23 diciembre 2023.

analizar, juzgar, criticar, evaluar, comparar y contrastar; otro de tipo creativo, para que puedan llegar a descubrir, inventar, imaginar, elaborar hipótesis, suponer y; uno más de tipo práctico, apuntando a que aprendan a usar, aplicar, utilizar y practicar.[29]

«Dejar la universidad fue una de las mejores decisiones que pude haber tomado». Steve Jobs durante su conocido discurso en Stanford.

Estar en posesión de una titulación universitaria se ha convertido en un requisito casi inamovible para que los más jóvenes opten a los empleos más suculentos del sector tecnológico (para acceder a los procesos de selección, poseer grados y másteres brinda ventajas). Pese a ello, los acontecimientos están empezando a dar un giro y los reclutadores ya no pueden permitirse el lujo de perder un «diamante en bruto» por el hecho de que no haya pasado por la universidad. En consecuencia, lo que adquiere más valor es que los conocimientos del candidato estén actualizados al máximo y que posea una cierta experiencia en llevarlos a la práctica.[30]

El autodidactismo es la forma moderna de aprender; no es que haya reemplazado el aprendizaje tradicional, sino que lo ha complementado.[31]

---

29 BARRERA, María Laura de la y DONOLO, Danilo, art. cit.

30 GONZÁLEZ PASCUAL, Alberto. «Silicon Valley: cuando los autodidactas se enfrentan a los universitarios». *El País,* 13 marzo 2018, https://elpais.com/retina/2018/03/12/talento/1520870058_688759.html

31 CRISTÓBAL, M.ª Luz. «El futuro es de los autodidactas». *Magisterio*, 12 marzo 2019. https://www.magisnet.com/2019/03/el-futuro-es-de-los-autodidactas/

¿Qué es el autodidactismo?

En su *Metafísica*, Aristóteles dice que «todos los hombres tienden por naturaleza a saber».[32] Generalmente, este impulso natural del ser humano a aprender cuenta desde su nacimiento con la ayuda de sus progenitores u otras personas experimentadas en la vicisitud vital. Pero ciertamente mucho de lo que se aprende en la vida se hace de manera autónoma y empírica, siguiendo ese «principio generador del desarrollo armónico y la plenitud de cada ser, en cuanto tal ser, siguiendo su propia e independiente evolución», según la primera acepción señalada por la Real Academia Española para la palabra *naturaleza*.

Desde su infancia hasta su juventud, una parte fundamental del aprendizaje de los seres humanos (la cultura como conjunto de conocimientos), es confiado tradicionalmente a personas adultas y especializadas, quienes instruyen a sus discípulos generalmente en centros específicos. No obstante, desde siempre ha habido pensadores que han denunciado la ineficacia de este modo de enseñanza tradicional como medio para infundir conocimientos culturales en el individuo joven, ya que, lejos de permitirle desarrollar su espíritu crítico y de ayudarle a

32 ARISTÓTELES. *Metafísica*. Madrid, 1970.

alcanzar un cierto grado de sabiduría, le condena a una constricción intelectual, indicándole como única meta la obtención de una credencial oficial que le sirva para ejercer determinado empleo o profesión. Estos pensadores críticos han elogiado el autodidactismo como alternativa a la enseñanza tradicional. Uno de ellos, Marcel Proust, novelista y autodidacta, escribió en la segunda parte de su obra maestra la siguiente reflexión: «La sabiduría no se transmite, es menester que la descubra uno mismo después de un recorrido que nadie puede hacer en nuestro lugar, y que no nos puede evitar nadie, porque la sabiduría es una manera de ver las cosas».[33]

DEMONIZACIÓN DE LA CLÁSICA *AUTODIDAXIA*

Tanto el substantivo *autodidactismo* como el adjetivo *autodidacto/a* (con origen griego y copiado del francés) han sido admitidos muy recientemente en el DRAE (Diccionario de la Real Academia Española) con la definición «que se instruye por sí mismo», siendo el substantivo una palabra de nueva creación. Pero otros repertorios lexicográficos anteriores sí que recogieron términos similares. Así, el lexicógrafo Ramón Joaquín Domínguez (1811-1848) incluyó en su diccionario los vocablos *autodidacto/a* «el que aprende sin maestro»,[34] *autodidagmático/a* «autodidáctico»[35] y *autodidaxia* «disposición, talento para aprender una cosa sin auxilio de maestro».

---

33 PROUST, Marcel. *En busca del tiempo perdido, II: A la sombra de las muchachas en flor.* Madrid, 1993.

34 Según la *Enciclopedia Espasa-Calpe* (1909) «llámase así al que en alguna ciencia o arte ha conseguido cierto grado de adelanto sin haber recibido directamente las enseñanzas de nadie».

35 En 1895, Elías Zerolo dio entrada a *autodidagmático/a* en su diccionario. Aparece por última vez en la *Enciclopedia España-Calpe* (1909) con el significado «perteneciente o relativo a la autodidaxia».

Procedente del griego *autós* «por sí mismo» y *didaskis* «enseñanza», esta antigua palabra, *autodidaxia*, dejó de aparecer en los diccionarios españoles en 1918.[36] También desapareció por esas fechas su sinónima *autodidáctica* «arte de aprender sin maestro».[37]

Tras este breve repaso lexicográfico, podemos concluir que la referencia al arte de aprender sin maestro o autoaprendizaje fue olvidada durante el último siglo, ya que solo muy recientemente la RAE decidió incluir en su diccionario *autodidacto/a*, inventándose además un término nuevo, *autodidactismo*, como sustituto del antiguo *autodidaxia*. ¿Es arriesgado suponer que este olvido ha sido deliberado, debido a la estigmatización que ha sufrido el autoaprendizaje en beneficio de una enseñanza reglada y, por tanto, controlada?

Aprovechando el razonable deseo de la sociedad de garantizarse unos servicios adecuados en materias tan sensibles para el bienestar personal y colectivo como la salud, la construcción, la educación o la justicia, los profesionales de estas actividades han pretendido (y en buena medida conseguido, sobre todo durante el último siglo) actuar en sus respectivos ámbitos como severos controladores y únicos beneficiarios de la concesión otorgada por la autoridad competente. Este acaparamiento de funciones se ha extremado en el ámbito universitario y ha tenido su reflejo, como hemos visto, en el diccionario académico.

Pero son tan evidentes las ventajas que tiene la autoformación personal, incluida la cultural, que cada vez son más los profesionales de la enseñanza reglada que estiman necesario inducir a los estudiantes al autoaprendizaje, aunque sea de

---

36 La última entrada fue en el diccionario de Manuel Rodríguez-Navas (1848-1922). Anteriormente, también fue recogida esta palabra y con el mismo significado por la *Enciclopedia Espasa-Calpe* (1909).

37 Última entrada en el diccionario de José Alemany y Bolufer (1917). Anteriormente, con el mismo significado, en la *Enciclopedia Espasa-Calpe* (1909).

manera complementaria a la educación tradicional, tal como veremos con mayor detenimiento más adelante.

Este autoaprendizaje enraizado con el librepensamiento, consistente en aprender aquello que realmente le interesa a cada uno de forma autónoma, con su propio ritmo y tiempo, buscando de manera independiente la información que precisa para ampliar sus conocimientos, realizando sus propios estudios y experimentos, reflexionando en profundidad y con espíritu crítico para adoptar sus propias opiniones y convicciones, ha experimentado en las últimas dos décadas un gran impulso gracias a las nuevas tecnologías, especialmente con internet, si bien es cierto que su uso debe hacerse con precaución. De esto también nos ocuparemos con detenimiento.

«El autodidactismo es la nueva forma de aprendizaje que dota a las personas de habilidades que son relevantes para superar cualquier reto en sus actividades diarias. Sin embargo, esta puede ser una forma desafiante de aprendizaje incluso para los estudiantes más brillantes, ya que requiere mucha disciplina, motivación intrínseca y un alto desarrollo en capacidades intelectuales básicas para el estudio».[38]

RECURSO FEMENINO

Al no serles permitido matricularse en las universidades hasta hace unas décadas, las mujeres que recibían educación lo hacían de manera privada, casi siempre en sus propias casas. Solía ser una educación básica y acorde con las convenciones sociales de cada época y civilización. Las que deseaban especializarse o las que no podían contratar los servicios de tutores e institutrices, se veían obligadas a estudiar de manera autodidacta.

38 CRISTÓBAL, M.ª Luz, art. cit.

Puede afirmarse, por consiguiente, que el autodidactismo ha sido históricamente el método educativo de las mujeres.

La educación por tanto estaba al alcance de muy pocas mujeres. Aparte del veto que sufrían en los centros de enseñanza superior (incluidos naturalmente el seminario), las jóvenes de familias pobres no podían dedicarse al autoaprendizaje cultural porque debían trabajar desde niñas y las de familias ricas estaban supeditadas a la voluntad de sus padres. Dependía de que estos (sobre todo el patriarca) fueran favorables o reacios a la educación de sus hijas, de que se les permitiera autoformarse.

Juliana Morell.

Uno de los casos más antiguos de autoeducación femenina es el de Hipatia. Nacida y asesinada en Alejandría en marzo de 415 d. C., fue matemática, filósofa, astrónoma, escritora e inventora. Su padre, Teón de Alejandría, era matemático y astrónomo, gracias a lo cual ella creció en un ambiente culto. Se dedicó a la enseñanza. Naturalmente, todos sus alumnos pertenecían a familias nobles o ricas. Murió a manos de una turba cristiana que la consideraba hereje. No se conserva ninguna de sus obras, cuya existencia se conoce por sus discípulos e historiadores posteriores.

Pasaron muchos siglos antes de que las mujeres se atrevieran a estudiar por su cuenta, aunque con limitaciones. Fue en el Renacimiento. Por supuesto, no eran trabajadoras o pobres, sino pertenecientes a familias acomodadas. Algunas de estas autodidactas llegaron a ser recompensadas con un doctorado, como Juliana Morell, nacida en Barcelona, que en 1608, poco antes de ingresar como novicia, se doctoró en leyes *summa cum laude* en Aviñón, adonde había ido huyendo porque su padre quería obligarla a casarse. Tenía catorce años de edad, había aprendido a leer y escribir a los cuatro años con los monjes dominicos, a los siete había aprendido por su cuenta latín, griego y hebreo, y a los doce dominaba el francés, el italiano, el árabe y el siriaco. Con diecisiete años sabía leer y escribir en catorce idiomas.

Otro ejemplo es el de Elena Cornaro Piscopia, una veneciana nacida el 5 de junio de 1646 que, pese a pertenecer a una familia campesina y pobre, aprendió latín y griego antes de los siete años de edad. Más tarde estudió matemáticas, filosofía y teología, y aprendió francés, español, hebreo y árabe. Su fama se extendió y en 1670 fue elegida presidenta de la Academia del Pacifici. El obispo de Padua, Gregorio Barbarigo, se opuso a que la Universidad de Padua le otorgara el doctorado en teología, sin embargo, aceptó a que se graduase en filosofía el 25 de junio de 1678 en la catedral patavina.

Cincuenta y cuatro años después se graduó, también de filosofía, Laura Bassi en la Universidad de Bolonia. Posteriormente obtuvo dos doctorados en la misma universidad, uno en ciencias y otro en filosofía. Nacida el 29 de octubre de 1711, su padre, abogado, decidió fomentar su educación en cuanto se percató de su potencial intelectual, contratando tutores de lenguas, matemáticas, filosofía, anatomía e historia natural.

Sofía Kovalévskaya.

También la moscovita de etnia romaní Sofía Kovalévskaya logró su doctorado, después de grandes esfuerzos. Desde niña la lectura y los preceptores de sus hermanos la ayudaron a escribir relatos y a aficionarse a la biología y a las matemáticas. Al descubrir que con trece años tenía grandes habilidades para el álgebra, su padre le prohibió seguir estudiando, pero ella continuó leyendo libros de matemáticas. Casada de conveniencia para poder salir de Rusia, se inscribió en la Universidad de Heideleberg, en Viena, y luego en Berlín recibió clases de Karl Weierstrass, en privado puesto que no se permitía el acceso de las mujeres a la universidad donde impartía clases el matemático. Sus investigaciones la llevaron a escribir varias obras sobre matemáticas y astronomía, por las que recibió el título de doctora *summa cum laude* en la Universidad de Gotinga en 1874.

Un año después, en 1875, recibió un doctorado en Filosofía en la Universidad de Zúrich la historiadora polaca Stefania Wolicka, quien persiguió la obtención de su título universitario después de negarse a acatar el decreto que en 1873 ordenaba a las rusas que estaban en el extranjero a abandonar sus estudios. Ella estaba en Suiza y se había granjeado fama como escritora y traductora.

Ha habido mujeres sin embargo que, deliberada o involuntariamente, ocultaron la autoría de sus obras por diversas razones, como la botánica Jeanne Baret, que se disfrazó de hombre para poder viajar y sus trabajos fueron atribuidos durante mucho tiempo al naturalista Philibert Commerson; o como Alice Guy, directora de cine que permitió que su marido firmara su trabajo a partir de 1910, año en que fundaron la productora Solax Company; o como Lilly Reich, diseñadora de interiores que vio cómo muchas de sus obras fueron adjudicadas a su marido, el arquitecto Ludwig Mies van der Rohe; o como Gerta Pohorylle, más conocida por su seudónimo, Gerda Taro, reportera gráfica que trabajó junto con su pareja, Endre Ernö Friedmann, publicando sus fotos con el seudónimo de Robert Capa, nombre que se hizo famoso y con el que se identificó únicamente a Friedmann; o como Lise Meitner, científica que descubrió el isótopo radiactivo protactinio-231 en 1917 y descubrió la fisión nuclear junto con Otto Hahn, aunque fue este el único que recibió el Premio Nobel de Química en 1944; o como María Lejárraga, autora de ochenta obras publicadas, muchas de las cuales fueron firmadas por su marido, Gregorio Martínez Sierra, hasta la muerte de este en 1947, adoptando a partir de entonces el seudónimo de María Martínez Sierra; o como Esther Lederberg, microbióloga estadounidense, pionera en genética bacteriana, que, trabajando como ayudante no remunerada en el laboratorio de su marido, descubrió el bacteriófago lambda e inventó la técnica de réplica de placa, descubrimientos por los que su esposo recibió en 1958 el Premio Nobel compartido con otros dos científicos, ninguno de los cuales era Esther; o como Margaret Keane, artista estadounidense que durante doce años pintó cuadros en jornadas de hasta dieciséis horas que firmaba con el apellido de su marido y que este vendía, haciendo creer que eran obras suyas, hasta 1986, año en que lo demandó y en el juicio demostró que era la autora.

María Andresa Casamayor de La Coma se ganó la vida como maestra de niñas en su Zaragoza natal, pero ha pasado a la historia por ser la autora del primer manual científico escrito por una mujer en España, *Tyrocinio aritmético, instrucción de las quatro reglas llanas*, publicado en 1738; sin embargo, firmó con el seudónimo de Casandro Mamés de La Marca y Araioa, perfecto anagrama de su nombre.

También recurrió a un seudónimo masculino, Antoine Auguste LeBlanc, la matemática y física autodidacta Sophie Germain, autora del teorema de Sophie Germain, nacida en París en 1776.

Maria Angela Ardinghelli no usó seudónimos, pero procuró preservar su anonimato cuando empezó a hacerse famosa como escritora, matemática y física, escogiendo los trabajos que quiso hacer visibles ante unas audiencias específicas. Murió en 1825, a los 96 años de edad.

Charlotte Perkins Gilman.

La mayoría de las mujeres autodidactas de los siglos pasados reivindicaron los derechos civiles femeninos, empezando por el de recibir una buena educación. Una de ellas fue Charlotte Perkins Gilman, que en 1892 publicó el relato breve *El papel pintado amarillo*, inspirado en su propia experiencia al padecer una profunda depresión postparto; en 1898 se dio a conocer internacionalmente al publicar *Women and Economics (Las mujeres y la economía)*, que tuvo su continuación en 1903 con *The Home: Its Work and Influence*, donde denunció la opresión de las mujeres en sus propias casas; y en 1915 la utópica *Herland*

(Dellas: un mundo femenino). También la escritora española Concepción Arenal (1820-1893) fue una pionera del feminismo; se vistió de hombre cuando tenía veintiún años para asistir como oyente en la Facultad de Derecho de la Universidad Central de Madrid, hasta que, al ser descubierta, se la admitió como alumna tras aprobar un examen; su primera obra sobre los derechos de la mujer fue publicada en 1869, *La mujer del porvenir.*

Algunas de ellas llevaron a la práctica la reivindicación femenina de recibir una buena educación, abriendo centros de enseñanza para jóvenes en los que se las instruía en materias que hasta entonces estaban reservadas para los varones. Rita Lecumberri (1831-1910), por ejemplo, escritora y educadora autodidacta, fue directora de dos escuelas en su Guayaquil natal y abrió varios colegios rurales en Ecuador.

¿CUÁNDO CONVERTIRSE EN AUTODIDACTA?

Aunque antaño muchas familias ricas preferían instruir a sus hijos en su propia casa, bajo la atenta supervisión de un mentor o una institutriz, eran mayoría las que los enviaban a instituciones educativas privadas. Las demás familias debían conformarse con la enseñanza pública, cuando existía.

En la actualidad, la posibilidad de recibir una enseñanza básica está al alcance de casi todo el mundo. Una enseñanza reglada, naturalmente, puesto que hace ya bastante tiempo que se impuso la necesidad de obtener un diploma o título homologado para acreditar oficialmente que el estudiante ha alcanzado cierto grado de instrucción.

Pero antes y ahora ha habido y hay personas, tanto ricas como pobres, que han decidido aprender por su cuenta, después de haber recibido una instrucción básica, ya sea en el seno de su familia o en la escuela. Los acaudalados lo hacían por voluntad propia, mientras que los demás elegían la autoformación, sobre todo debido a la necesidad, ya fuera por razones familiares, económicas o de salud. Hogaño sigue ocurriendo algo parecido, aunque ciertamente el autodidactismo continúa padeciendo las mismas desventajas, siendo la más importante la carencia del aval social que representa un título académico y su consecuente validez en el ámbito laboral. Pero, siendo cierto que cada vez son más las profesiones que no se pueden ejercer sin titulación oficial, también es verdad que últimamente, al amparo de las nuevas tecnologías, surgen oficios y empleos eminentemente autodidactas y bien retribuidos al margen de la regulación oficial.

Porque, si bien puede llamarse autodidacta a quien aprende por su cuenta determinada ciencia o arte, ajena a los estudios y titulación que haya podido obtener en otras materias en centros de enseñanza superior,[39] el significado más cabal es el que se refiere a la persona que, sin ayuda de un tutor, ha dirigido, controlado y evaluado su propia formación intelectual, adquiriendo conocimientos y desarrollando habilidades con las que ha podido ejercer, de manera más o menos destacada, una profesión u oficio concreto, sin contar por lo tanto con el aval oficial de una institución de enseñanza superior. Algunos autodidactas obtuvieron la titulación universitaria, pero después

39 Ejemplos de autodidactas que contaban con titulación oficial en disciplinas distintas a las que destacaron son Luis Buñuel, famoso cineasta, licenciado en Filosofía y Letras; los ingenieros Gustave Eiffel y Luis Barragán, célebres arquitectos; Sunay Erdem, conocido autodidacta arquitecto de construcciones, licenciado en arquitectura paisajística; Otto von Guericke, físico inventor de la bomba de aire, licenciado en derecho; el economista autodidacta Francis Edgeworth, licenciado en literatura y doctor en derecho; Joseph Needha, bioquímico que se convirtió en un sinólogo autodidacta que editó y contribuyó al enorme cuerpo de trabajo conocido como *Ciencia y Civilización en China*; Kató Lomb, educada en física y química, pero que aprendió por su cuenta quince idiomas y se convirtió en una de las primeras intérpretes simultáneas del mundo; o Josefina Carabias, licenciada en derecho que trabajó como periodista.

de haberse dado a conocer como expertos. Es el caso de Marie Curie,[40] el matemático George Green[41] o el astrónomo Clyde Tombaugh, descubridor de Plutón.[42]

Además, el autodidacta influye determinantemente en la constitución de su propia personalidad, desde luego de manera mucho más relevante que quien se ha educado de la manera tradicional. Y la personalidad, ese conjunto de rasgos que forman nuestro temperamento y que se manifiesta en nuestro modo de sentir, de pensar, de expresarnos, de comportarnos y de relacionarnos, «se consolida entre los dieciséis y dieciocho años, y una vez afianzada es bastante estable», según Rojas Marcos.[43]

De manera que el autodidacta suele empezar a autoeducarse siendo joven, cuando comienza a tomar conciencia de sí mismo, y retirado del mundo académico, aunque después de haber recibido una instrucción básica que le permita dominar las técnicas primarias con las que adquirir conocimientos (leer, escribir, contar).

En mis tiempos de estudiante de bachillerato (finales de los años 60) había que elegir entre ciencias y letras una vez aprobada

---

40 María Salomea Skłodowska se doctoró en 1903, cinco años después de que descubriera el polonio junto con su esposo, Pierre Curie.

41 George Green se graduó en la Universidad de Cambridge con 44 años de edad. Cuando se matriculó con cuarenta años, hacía cinco que había publicado su ensayo *Un análisis de las aplicaciones del análisis matemático a las teorías de la electricidad y el magnetismo* (1828), escrito en su pueblo natal, Sneinton (Inglaterra), donde su padre había trabajado en un molino de viento y él había ido a la escuela solo un curso, entre los ocho y los nueve años de edad.

42 Clyde Tombaugh (LaSalle, EE. UU., 4 febrero 1906-Las Cruces, EE. UU., 17 enero 1997) consiguió sin haber realizado estudios universitarios y gracias a su labor autodidacta un trabajo en el observatorio de Flagstaff, donde colaboró en la búsqueda del llamado *planeta X*, identificándolo el 18 de febrero de 1930, dándole el nombre de Plutón. Como recompensa obtuvo una beca e inició los estudios de astronomía en la Universidad de Kansas.

43 ROJAS MARCOS, Luis, op. cit., p. 87.

la reválida del cuarto curso, en la que te daban el título de bachiller elemental si la superabas. Se supone que los tutores o los padres, o mejor aún todos ellos, debían asesorarte sobre la mejor decisión a tomar. En mi caso no fue así. Aunque había asignaturas que me gustaban algo más (me dieron matrícula de honor en literatura con las notas de cuarto curso), como era un buen estudiante y obtenía buenos resultados en todas las materias, a falta de que alguien me aconsejara otra cosa, opté por continuar el bachillerato superior por la rama de ciencias. El motivo seguramente estaba en que era lo que hacían la mayoría de mis compañeros. Además, en mi familia el único universitario era mi hermano mayor y estudiaba ingeniería técnica (peritaje industrial se llamaba entonces).

Como dice Rojas Marcos, «hay experiencias en la vida que son maestras muy duras: primero te someten al examen final y después te enseñan la lección».[44] *En mi caso, la lección la aprendí efectivamente demasiado tarde, pues en quinto de bachillerato, el primero en el que estudiaba únicamente asignaturas de ciencias, suspendí casi todo en junio y en septiembre, por lo que hube de repetir curso, lo que supuso un varapalo tremendo a mi autoestima, ocasionándome un estado de pasotismo que se vio agravado con la muerte de mi padre. Al no poder seguir pagando mis estudios en el colegio de los maristas de Barcelona, mi madre me envió a un internado en Madrid para huérfanos de oficiales del Ejército. Afortunadamente, allí, la disciplina y el aburrimiento me sirvieron de acicates para entregarme a la lectura. Además de los libros de texto que me obligaban a estudiar, me entretenía leyendo novelas y algún que otro ensayo que compraba de segunda mano durante los fines de semana. Además, para ocupar el tiempo continué mi prematura afición por la escritura. Recuerdo que la mayoría de mis compañeros preferían hacer deporte, algunos*

---

44 *Ibidem*, p. 142.

se aficionaron a la música e incluso hubo uno que le dio por dibujar y pintar.

Con esfuerzo aprobé el último curso del bachillerato superior y el curso de orientación universitaria (que de orientación no tuvo nada) y regresé a Barcelona. Decidí matricularme en la Facultad de Ciencias de la Universidad Autónoma de Bellaterra porque había aprobado el examen de acceso a la Compañía Telefónica Nacional de España como administrativo y había sido destinado a la sección de Proceso de Datos, donde podía hacer horarios de mañana, tarde, noche o madrugada. Bueno, en realidad solo de noche o madrugada debido a mi nula antigüedad. Si había tenido la fortuna de entrar a trabajar con dieciocho años a un lugar puntero en tecnología como era aquel, ubicado en la avenida de Madrid barcelonesa, donde había un ordenador de IBM que ocupaba toda una planta del edificio, creí que debía aprovechar la ocasión para estudiar una carrera acorde. Durante unos meses del curso 1973-1974 estuve yendo todas las tardes a Bellaterra para asistir a clase de Informática, una carrera de cinco años con un prometedor futuro laboral, y que llevaba dos años impartiéndose en la Facultad de Ciencias. No acabé el curso porque la mayor parte de las asignaturas eran indescifrables para mí por más que me esforcé. Abandonada la universidad y para dejar de trabajar por las noches, cambié de departamento. Con diecinueve años, un buen sueldo y muchas ganas de vivir, me dediqué al entretenimiento, incluyendo mi afición por la lectura y la escritura.

Me enamoré, me casé (la conocí haciendo teatro aficionado) y fui padre cuando aún no había cumplido veintiún años. Hice el servicio militar durante año y medio, ascendí en el trabajo y mi mujer y yo decidimos irnos a vivir a Alicante, donde creíamos que nuestros dos hijos pequeños ganarían en calidad de vida, como así fue. Entretanto, mis aficiones culturales se vieron ampliadas gracias a numerosos viajes y el descubrimiento de la música clásica, especialmente de la ópera. Escribí mis primeras novelas y mi biblioteca siguió creciendo en número y variedad, hasta el extremo de que empecé a recibir advertencias de mi esposa acerca de la falta de espacio donde meter tanto libro.

¿TODO EL MUNDO PUEDE SER AUTODIDACTA?

Hace más de un siglo, Santiago Ramón y Cajal dijo que «todo ser humano, si se lo propone, puede ser escultor de su propio cerebro».

El autoaprendizaje es la manera más natural que tenemos de aprender. A lo largo de nuestra vida, todos, absolutamente todos los seres humanos, empleamos el autoaprendizaje para aprender a hacer algo. Pero no todas las personas tienen la capacidad suficiente para autoformarse intelectual o profesionalmente.

En primer lugar, el autodidacta debe aprender a aprender. Para ello, es fundamental que el interesado quiera aprender.

La Unión Europea define *aprender a aprender* como:

> La habilidad para iniciar el aprendizaje y persistir en él, para organizar su propio aprendizaje y gestionar el tiempo y la información eficazmente, ya sea individualmente o en grupos. Esta competencia incluye la conciencia de los procesos y las necesidades del propio aprendizaje, la identificación de las oportunidades disponibles y la capacidad de superación de los obstáculos con el fin de alcanzar el éxito. Aprender a aprender significa adquirir, procesar y asimilar nuevos conocimientos y capacidades, así como buscar orientaciones y hacer uso de ellas, reutilizando y aplicando conocimientos y experiencias anteriores. La motivación y la confianza son cruciales para la adquisición de esta competencia.[45]

---

45 *Competencias clave para el aprendizaje permanente. Un Marco de Referencia Europeo.* Comisión Europea, 2004. https://www.educacionyfp.gob.es/dctm/ministerio/educacion/mecu/movilidad-europa/competenciasclave.pdf?documentId=0901e72b80685fb1

Existen muchas otras definiciones de la competencia de *aprender a aprender* realizadas por especialistas en educación y psicología, como la expuesta por Jarkko Hautamäki y otros seis profesores finlandeses en 2002, según la cual se trata de una habilidad y disposición basada en la autorregulación cognitiva y afectiva de la actividad de aprender.

En consecuencia, pueden mencionarse como elementos cognitivos y afectivos fundamentales de *aprender a aprender* la motivación, íntimamente ligada a la curiosidad;[46] la confianza en sí mismo, basada en una autoestima positiva; la disciplina, capaz de superar los obstáculos que puedan presentarse; y la adopción de una estrategia que sirva para planificar, ejecutar y evaluar el proceso de autoeducación.

Una vez que se ha aprendido a aprender, siguiendo los mismos elementos antes mencionados puede abordarse la planificación y ejecución de proyectos concretos y cada vez más ambiciosos.

Por otra parte, hay que considerar las condiciones técnicas, económicas y sociales con que cuenta la persona que desea convertirse en autodidacta. A pesar de que los instrumentos precisos para desarrollar la autoformación no son cuantiosos ni onerosos, debe considerarse la situación personal en cuanto al lugar donde se habita, el medio de vida y los recursos a su alcance. No obstante, por más precaria que sea dicha situación, la toma de conciencia y la determinación por forjarse una

---

46 La motivación produce un aumento del nivel de energía en el cerebro. «Cuando estamos motivados, los vasos sanguíneos del cerebro se dilatan y llega más sangre. Eso comporta que las neuronas reciban más glucosa y más oxígeno, que es lo único que consumen para generar energía metabólica. Por eso cuando estamos motivados podemos pasar más rato dedicados a cualquier actividad mental sin cansarnos, y además todo lo que hacemos con motivación lo hacemos de manera más eficiente, ya que el cerebro entero recibe más combustible y puede funcionar también de manera más eficiente». BUENO, David, *op. cit.*, pp. 272-273.

personalidad propia pueden y deben ser suficientes para superar los obstáculos materiales.

Porque la disposición al autoaprendizaje se basa en varios factores, siendo el de la voluntad uno de los principales, si no el más importante. Voluntad de aprender. Y de esta facultad de decidir y ordenar nuestra propia conducta dependerán otros factores básicos, como la disciplina y la perseverancia.

APRENDIZAJE AUTÓNOMO

El aprendizaje autónomo o autoaprendizaje es la capacidad de aprender por uno mismo. De manera inconsciente aprendemos muchas cosas desde nuestra más tierna infancia. Se trata de aprovechar esta capacidad natural para convertirla en una modalidad de aprendizaje en la que nos responsabilizamos de la organización de nuestro trabajo, a nuestro propio ritmo, con el objetivo de obtener diferentes competencias mediante una postura crítica.

En su obra *El proceso de convertirse en persona* (1961), el prestigioso psicoterapeuta Carl Rogers (1902-1987) advertía que «el único aprendizaje que puede influir significativamente sobre la conducta es el que el individuo descubre e incorpora por sí mismo». Este pensamiento coincide con otros que al mismo tiempo o posteriormente se han expuesto acerca de las ventajas del autoaprendizaje, como el de forjar la propia personalidad y proporcionar una capacidad crítica y libertad de criterio.

Los requerimientos principales para llevar a cabo con éxito la autoeducación, apoyados en la voluntad y la disciplina, son la determinación de objetivos alcanzables y de interés personal, la planificación de las acciones, el establecimiento de plazos y horarios de trabajo, y la autoevaluación de resultados. Es con la eficiente administración de los recursos a través de una oportuna estrategia con lo que podemos proponernos abordar y concluir un trabajo con ciertas garantías de éxito. Tanto los recursos como la estrategia a seguir deben ser estables, aunque no inamovibles, ya que pueden variar en función del trabajo a desarrollar, mejorables siempre con la experiencia.

Por su parte, en el informe *La educación encierra un tesoro* de 1996,[47] la UNESCO reconoce que el aprendizaje autónomo puede darse en cualquier lugar. Esto es así gracias al avance tecnológico que permite el acceso abierto a la información de manera cada vez más extendida, favoreciendo el renacimiento de este antiguo concepto y su creciente relevancia.

El bioquímico y gran escritor de ciencia-ficción Isaac Asimov, a quien se atribuye la frase «la autoeducación es, estoy convencido, el único tipo de educación que existe», en una entrevista filmada en 1988[48] ya vaticinaba lo que pasaría cuando:

> Una vez que tengamos computadoras en cada hogar, cada una de ellas colgadas a enormes bibliotecas donde cualquiera pueda realizar cualquier pregunta y que se den respuestas, y que se le brinde material de referencia que sea algo en lo que estás interesado en saber desde una temprana edad, más allá de cuán tonto le pueda sonar a otro, eso es lo que a ti te interesa, y preguntas y puedes averiguar y haces un seguimiento y lo puedes hacer en tu propia casa, a tu velocidad, en tu dirección, ¡a tu propio tiempo! En ese entonces, todo el mundo disfrutará del aprender. Hoy en día lo que el mundo llama aprendizaje se da a la fuerza y todos están forzados a aprender lo mismo el mismo día, a la misma velocidad, en clase. Pero todos somos

---

47 *La educación encierra un tesoro. Informe a la UNESCO de la Comisión Internacional sobre la Educación para el Siglo XXI.* Compendio en https://unesdoc.unesco.org/ark:/48223/pf0000109590_spa/PDF/109590spao.pdf.multi

48 «Isaac Asimov; tecnología y educación». *Los Sueños de Piedra.* https://lossuenosdepiedra.wordpress.com/2012/12/10/h-isaac-asimov-tecnologia-y-educacion-h/

> diferentes, para algunos va muy rápido, para otros va muy lento, para otros va en una dirección errónea.
>
> Yo no hablo de abolir la escuela, pero sí como complemento de ella…

En cuanto a las fuentes a consultar, debe tenerse acceso a los libros y archivos precisos, así como, en la actualidad, a los soportes tecnológicos adecuados para contar con los recursos existentes en internet. Aunque en ocasiones sea recomendable solicitar asesoramiento personal, debe hacerse sin requerimiento de supervisión o aprobación. Una vez recopilada la información precisa, tiene que seleccionarse la que se considere relevante, codificándola para su almacenamiento en un sistema eficiente de memoria.

Pero el acceso a la información es solo el comienzo del autoaprendizaje. Es a partir de la información recogida que se inicia el proceso, casi siempre bastante laborioso, de convertir los datos en conocimiento. Es un proceso intelectual de raciocinio, reflexión y análisis, en virtud del cual la información es entendida, asimilada y discriminada, extrayendo al final conclusiones críticas y, a ser posible, propias.

MÉTODOS

El autodidacta debe hallar su propio procedimiento de trabajo, su modo ordenado y sistemático que le lleve a conseguir el objetivo que se ha impuesto.

En este método de ordenar la actividad no es tan importante la originalidad como la efectividad y la comodidad de las que disfrute el autodidacta. Estas actividades están ya inventadas (leer, escribir, conversar, reflexionar, indagar en archivos y hemerotecas, viajar, etcétera), siendo por tanto el orden a seguir, según las circunstancias, lo que importa.

María Montessori.

El método de autoeducación más conocido hasta ahora es el de Montessori, dedicado especialmente a los niños y fundamentado sobre todo en el desarrollo de la creatividad e independencia infantil por medio de la estimulación de las capacidades naturales, la observación, la autoevaluación y el refuerzo de la cooperación. Nacida en la localidad italiana de Chiaravalle en 1870, la médica, pedagoga, psiquiatra y filósofa María Montessori publicó en 1909 *El método de la pedagogía científica*, en el que proponía cambiar la enseñanza tradicional infantil, basada en el aprendizaje pasivo, la memorización y los exámenes, por la promoción de una educación adaptada a las necesidades del niño y según la materia a tratar, con horarios flexibles y cambios en los escenarios (aula, museo, biblioteca, campo, granja, teatro…). Es decir, Montessori postulaba la necesidad de enseñar al niño a aprender a autoeducarse, estimulando de manera controlada su autonomía y espontaneidad. A pesar del éxito pedagógico de las escuelas que fundó tanto en Italia como en otros países europeos y Estados Unidos, fueron cerradas en Italia y Alemania por órdenes expresas de Mussolini y Hitler. En 1946 regresó a Europa después de residir en la India durante la Segunda Guerra Mundial. Se estableció en Holanda, donde murió en 1952. Algunas de sus frases más célebres son: «El instinto más grande de los niños es precisamente liberarse del adulto», «el niño, guiado por un maestro interior, trabaja infatigablemente con alegría para construir al hombre» o «la mayor señal del éxito de un profesor es poder decir: ahora los niños trabajan como si yo no existiera».[49]

FIJARSE METAS

En *El libro del Tao*,[50] escrito alrededor del siglo VI a. C. y atribuido a Lao Zi, se recomienda emprender lo fácil como si fuera difícil y lo difícil como si fuera fácil. Este mismo consejo lo recogió veintitrés siglos más tarde Baltasar Gracián en su *Oráculo manual y arte de prudencia*.[51] En la misma obra, este jesuita aragonés advertía que, «como ya se tiene el no, váyase en busca del sí con destreza, que la mayoría de las veces no se consigue porque no se intenta».

Teniendo en cuenta estas sugerencias, hay que anteponer sin embargo la sensatez a la hora de imponerse metas, ya que estas deben ser ambiciosas pero realistas, afrontarlas como desafíos cada vez más difíciles, pero dentro de lo razonable en consideración a nuestras posibilidades. De manera que la meta que nos impongamos no sea ni demasiado fácil ni imposible, siguiendo así

49 «Autoeducación. El Método Montessori una educación creativa». *Educapeques.* https://www.educapeques.com/escuela-de-padres/autoeducacion.html / /*Wikipedia.* https://es.wikipedia.org/wiki/Maria_Montessori

50 ZI, Lao. *El libro del Tao.* Madrid, 1978.

51 GRACIÁN, Baltasar. *Oráculo manual y arte de prudencia.* Madrid, 1994.

la regla psicológica conocida como el *efecto Ricitos de oro*, en alusión al cuento infantil *Ricitos de oro y los tres osos*, historia anónima recogida por Robert Southey en un libro publicado en 1837. Una de las moralejas de este cuento es que los retos a los que nos enfrentamos deben tener un nivel justo de dificultad, de la misma manera que la sopa que tomamos no debe estar ni demasiado caliente ni demasiado fría. Según esta regla psicológica, las personas experimentamos la máxima motivación cuando las tareas no son ni muy fáciles ni muy complicadas. Cuando se logra un estado de equilibrio entre el desafío de la tarea y la habilidad de quien la realiza, se alcanza un estado de gran libertad, gozo, compromiso y habilidad, durante el cual las sensaciones temporales, incluido el propio yo, suelen ignorarse. El psicólogo húngaro-estadounidense Mihály Csíkszentmihályi llamó a este estado *fluir*.[52]

Constancia

«La diligencia hace con rapidez lo que la inteligencia ha pensado con calma», escribió Gracián en la obra antes citada.

La constancia es prima de la disciplina y ambas pasean de la mano según un horario prefijado que debe respetarse. Es en consecuencia muy importante contar con una jornada laboral estructurada dentro de un calendario de trabajo jalonado de metas intermedias, hasta la conclusión del proyecto.

¿ORIGINALIDAD O CREATIVIDAD?

Según el DRAE, una obra original es la que resulta de la inventiva de su autor; es decir, que es el resultado de algo nuevo o hasta ahora desconocido y hallado por el autor.

---

52 CSÍKSZENTMIHÁLYI, Mihály. *Fluir (Flow): una psicología de la felicidad.* Barcelona, 1997.

También según el diccionario académico, la creatividad es la facultad o capacidad de crear o producir algo nuevo o de la nada. Para esto último, «producir algo de la nada», pone como ejemplo la frase: «Dios creó los cielos y la tierra». Pocos ejemplos más se pueden poner, ya que, como es bien sabido desde antiguo, nada surge de la nada. «Nada nace de la nada», escribió Epicuro hace veinticinco siglos,[53] al parecer siguiendo lo dicho anteriormente por Parménides; una idea que ha ido rebotando posteriormente entre la filosofía («Nada procede de la nada, como tampoco retorna a la nada», escribió Marco Aurelio)[54] y la ciencia, hasta la actualidad, y que se aviene con las leyes de conservación de la materia y de la energía.

Así, pues, si la originalidad es algo nuevo o diferente y la creatividad es la facultad de producir algo nuevo, lo primero, lo original, es consecuencia de lo segundo, la creación. Son por tanto dos conceptos que no se contraponen, sino que se complementan.

Pero, considerando que no hay nada que surja de la nada, debemos limitar la originalidad a la combinación novedosa de ideas individuales en base a conocimientos aprendidos. O lo que es lo mismo, la originalidad no es producto de una ciencia infusa, de un conocimiento no adquirido mediante el estudio o la experiencia. Pongamos como ejemplo la composición musical. Una canción original es aquella en la que, al menos la música (mejor aún si también lo es la letra), no está basada en composiciones anteriores. Resulta bastante difícil escuchar una canción en la que no haya una frase musical, por corta que sea, que nos recuerde otra composición; sin embargo, si el conjunto resulta lo suficientemente novedoso podemos calificarlo de original. Pero esta novedad no nace de algo completamente

---

53 EPICURO. *Carta a Heródoto*. En *Epicuro, un estudio de su doctrina a partir de la carta a Heródoto,* Trinidad Silva Irarrázaval. Santiago de Chile, 2008

54 MARCO AURELIO. *Meditaciones*. Madrid, 1994.

inventado, sino de una combinación inaudita de notas musicales preexistentes. En psicología y psiquiatría se conoce como *criptomnesia* este fenómeno mental en el que se confunde una idea aparentemente original con un recuerdo olvidado.[55] Un fenómeno bastante frecuente en la apropiación cultural, sobre todo en la industria musical, donde menudean las acusaciones de plagio.[56]

La originalidad por tanto depende de la capacidad para pensar una idea novedosa y desarrollarla. Y esto es sumamente difícil si lo que hacemos es solo barajar pensamientos ajenos y, por tanto, ya trillados. Hay que profundizar más en nuestro propio criterio para sacar conclusiones personales, o sea, originales. «Solo cuando nos permitimos pensar de forma independiente y diferente, podemos aspirar a crear algo verdaderamente único», dice la analista inglesa Namrata Nanda.[57]

A este proceso de generar ideas creativas mediante la exploración de muchas y novedosas opciones se le ha denominado en psicología *pensamiento divergente*, en contraposición con el *pensamiento lógico o convergente*, que solo tiene en cuenta un número limitado de opciones. Esta búsqueda mental de novedades (bajo la influencia, como veremos, de ondas cerebrales *alpha* o *theta*) se desarrolla en una zona del cerebro conocida como *substantia nigra*, por la sustancia de color negro existente en la porción ventral del mesencéfalo, cuyas

55 TRIGLIA, Adrián. «Criptomnesia: cuando tu cerebro se plagia a sí mismo». *Psicología y mente,* 6-6-2015. https://psicologiaymente.com/neurociencias/criptomnesia-cerebro-plagia

56 DE QUEROL, Ricardo. «De la criptomnesia, el plagio que dicen inconsciente, no se libra ni Taylor Swift». *El País,* 16-9-2024.

57 NANDA, Namrata. *La verdad sobre la originalidad.* https://www.ouriginal.com/es/la-verdad-sobre-la-originalidad/#:~:text=La %20originalidad %20 es %20la %20base %20de %20toda %20innovaci %C3 %B3n %20y %20creatividad,formas %20de %20hacer %20las %20cosas.

células producen dopamina, un neurotransmisor que, entre otras cosas, regula el estado de ánimo estimulando el cuerpo estriado, responsable de funciones tan importantes como el procesamiento de la memoria procedimental, la regulación de la memoria operativa y de la conducta motivada, la focalización de la atención o la selección de acciones en función de la recompensa esperada.[58]

ESPÍRITU O PENSAMIENTO CRÍTICO

No existe una definición unánimemente aceptada acerca de lo que se entiende por pensamiento o espíritu crítico, ni tampoco de cómo enseñarlo, a pesar de que es un tema que lleva décadas debatiéndose en los foros académicos ocupados en los procesos de aprendizaje, ni siquiera entre quienes coinciden en la necesidad de promover una formación autónoma y creativa.

Por nuestra parte, podríamos apuntar que el pensamiento crítico es un proceso mental en el que se usa la inteligencia y el conocimiento para analizar la realidad y formar un conjunto de ideas propias acerca de una realidad. Este análisis debe tender a la objetividad, implicando por ello la separación de nuestros sentimientos y prejuicios, así como la no aceptación *a priori* de las opiniones de la sociedad que suelen aceptarse como verdaderas.

El pensamiento crítico trata, por tanto, de esclarecer la veracidad del asunto en cuestión mediante la racionalidad y la objetividad, ignorando los posibles sesgos internos y externos,

58 *Passim*, ejs.: https://decs.bvsalud.org/es/ths/resource/?id=22685#:~:text=Substantia %20nigra,-T %C3 %A9rmino(s) %20alternativo&text=Nota %20de %20 alcance %3A-,Sustancia %20de %20color %20negro %20en %20la %20porci %C3 %B3n %20ventral %20del %20mesenc %C3 %A9falo,y %20el %20 estado %20de %20 %C3 %A1nimo / https://es.wikipedia.org/wiki/Pensamiento_divergente

dudando de los dogmas y axiomas absolutos que nos rodean, rechazando los elementos subjetivos y manipulativos que nosotros mismos podemos pretender introducir inconscientemente, a través de los sentimientos o la necesidad de sentirnos aceptados y valorados socialmente. Es muy importante, por consiguiente, no caer en la tentación de complacernos con el pensamiento desiderativo (muchas veces más atractivo, amable y persuasivo que el crítico) o el pensamiento mágico.[59]

Pensar despacio

Los psicólogos Daniel Kahneman y Amos Tversky publicaron en 1971 un artículo en el que dieron a conocer el resultado de unos experimentos relacionados con los sesgos cognitivos, que el primero amplió en un libro editado en español en 2012. Su título, *Pensar rápido, pensar despacio*, se refiere a los dos modos de funcionar del cerebro humano.

El primer método o sistema es automático, frecuente, emocional y subconsciente; su función es generar intuiciones que con frecuencia nos sirven adecuadamente, pero que no son infalibles. Estas intuiciones son atajos mentales que siguen patrones o prejuicios que nos llevan a sacar conclusiones precipitadas, muchas veces acertadas, pero a veces también erróneas, carentes de razonamiento. Este sistema de pensamiento parece ser producto de nuestra evolución como seres humanos, con raíces comunes con los animales y la necesidad de tomar decisiones inmediatas ante estímulos extraños o sospechosos que puedan amenazar nuestra supervivencia.

---

59 Llámase pensamiento desiderativo al que se basa, en vez de las evidencias, en las emociones y en la ilusión de ver solo lo que queremos ver, dejándonos llevar así por nuestros deseos, ilusiones, gustos o suposiciones. El pensamiento mágico es el que fabrica una mentira feliz mediante supuestos informales, supersticiosos o pueriles.

El segundo sistema es lento, poco frecuente, lógico, calculador, consciente, requiere más atención, concentración y tiempo; su función es comprobar la validez de un argumento lógico complejo, para razonar con objetividad y hacer cálculos complicados.

> [...] los Sistemas 1 y 2 están siempre activos mientras permanecemos despiertos. El Sistema 1 actúa automáticamente y el Sistema 2 se halla normalmente en un confortable modo de mínimo esfuerzo en el que solo una fracción de su capacidad está ocupada. El Sistema 1 hace continuamente sugerencias al Sistema 2: impresiones, intuiciones, intenciones y sensaciones. Si cuentan con la aprobación del Sistema 2, las impresiones e intuiciones se tornan creencias y los impulsos, acciones voluntarias. Si todo se desarrolla sin complicaciones, como ocurre la mayor parte del tiempo, el Sistema 2 acepta las sugerencias del Sistema 1 con escasa o ninguna modificación. Generalmente damos crédito a nuestras impresiones y cumplimos nuestros deseos, y esto está bien... por lo común.
>
> Cuando el Sistema 1 encuentra una dificultad, llama al Sistema 2 para que le sugiera un procedimiento más detallado y preciso que pueda resolver el problema [...]. En suma, la mayoría de las cosas que pensamos y hacemos (nuestro Sistema 2) se originan en el Sistema 1, pero el Sistema 2 toma las riendas cuando esas cosas se ponen difíciles, y es él normalmente el que tiene la última palabra.
>
> La división del trabajo entre el Sistema 1 y el Sistema 2 es muy eficiente: minimiza el esfuerzo y optimiza la ejecución. Esta disposición funciona bien la mayor parte del tiempo, porque el Sistema 1 es en general muy bueno en lo que hace: sus modelos de situaciones familiares son adecuados, sus predicciones a corto plazo suelen ser también adecuadas, y sus respuestas iniciales a los retos son rápidas y generalmente apropiadas. Sin embargo, en el Sistema 1 hay sesgos, errores

sistemáticos que es propenso a cometer en circunstancias específicas [...].[60]

Cuando las personas no profundizan en el sistema lento y racional, se quedan con conclusiones producidas heurísticamente en el sistema rápido e intuitivo que tienen bastantes probabilidades de ser inexactas o plenamente erróneas.

Pasos del pensamiento crítico

Hay numerosos trabajos acerca del método que debe seguir el pensador crítico, siendo los pasos más comunes y resumidos los siguientes: identificar los argumentos a favor y en contra del tema; reconocer y evitar de entre ellos los prejuicios y sesgos cognitivos; evaluar y verificar las fuentes de información; comenzar el análisis profundo hasta alcanzar un juicio objetivo.

Un último paso es la autorregulación, también conocida como metacognición, que es la aplicación del espíritu crítico sobre uno mismo mediante la autoevaluación y, quizá, la autocorrección.[61]

---

60 KAHNEMAN, Daniel. *Pensar rápido, pensar despacio.* Barcelona, 2012. Algunos sesgos cognitivos señalados por Kahneman en la toma de decisiones son *anclaje* (aferrarse a una primera impresión), *efecto marco* (manera de presentar el problema), *falacia de la conjunción* (asumir que una situación específica es más probable que la situación general), *heurística de la disponibilidad* (creer que lo más frecuente es lo que nosotros conocemos) e *ilusión de control* (creer que se tiene más control sobre eventos externos de lo que realmente se tiene).

61 La metacognición utiliza las redes neuronales de la corteza prefrontal (capacidad de reflexionar conscientemente), la circunvolución del cíngulo anterior (implicada en la detección de errores), el giro parahipocampal (responsable de la codificación y la recuperación de la memoria), el *precúneo* o *precuña* (parte del lóbulo parietal superior oculto en la fisura longitudinal medial entre los dos hemisferios cerebrales involucrado con la memoria episódica, procesamiento visuoespacial, aspectos de la conciencia y reflexiones sobre uno mismo) y la ínsula (estructura ubicada en la profundidad de la cisura de Silvio determinante en la toma de decisiones, el procesamiento emocional y la atención). *Passim.*

El fin del pensamiento crítico es formar nuestras propias conclusiones de manera independiente y con la suficiente solidez como para que puedan sostenerse en cualquier contexto, sean o no coincidentes con las que tengan los demás.

Pero el pensador crítico no aspira a alcanzar una verdad absoluta ni a llevar la contraria a todo el mundo ni a convertirse en el paladín del escepticismo, sino que está dispuesto a someter su verdad a una evaluación permanente, permitiendo que sea cuestionada por los otros o por uno mismo mediante el análisis y la discusión, con una postura libre y abierta.

Así, pues, el pensador crítico debe defender sus opiniones con firmeza, pero también con flexibilidad, mostrando humildad intelectual al ser capaz de admitir defectos en las propias ideas y cambiarlas. Su lema puede ser el de *estoy tan dispuesto a cambiar de opinión como se me demuestre que estoy equivocado.* En palabras de Ortega y Gasset, «cabe no tener razón de puro tenerla demasiado».[62]

En *Pensamiento Crítico: ¿Qué es y por qué es importante?*, Peter A. Facione incluye una *Declaración de consenso de los expertos en relación con el pensamiento crítico y el pensador crítico ideal*, en la que se define a este del siguiente modo:

> El pensador crítico ideal es una persona que es habitualmente inquisitiva; bien informada; que confía en la razón; de mente abierta; flexible; justa cuando se trata de evaluar; honesta cuando confronta sus sesgos personales; prudente al emitir juicios; dispuesta a reconsiderar y si es necesario a retractarse; clara con respecto a los problemas o las situaciones que requieren la emisión de un juicio; ordenada cuando se enfrenta a situaciones complejas; diligente en la búsqueda de información relevante; razonable en la selección de criterios; enfocado en preguntar, indagar, investigar; persistente en la búsqueda de

62 ORTEGA Y GASSET, José. Prólogo de *Del Amor*, de Stendhal. Madrid, 1995.

> resultados tan precisos como las circunstancias y el problema o la situación lo permitan [...].[63]

Otro filósofo, el francés Paul Valéry, escribió: «Hay pobreza de espíritu en estar siempre de acuerdo contigo mismo».[64]

La flexibilidad cognitiva fue relacionada con la mentalidad de crecimiento, teoría propuesta hace más de treinta años por la psicóloga estadounidense Carol Dweck, según la cual las personas que tienen esta mentalidad creen en la capacidad de mejorar sus habilidades básicas e incluso su inteligencia con motivación, esfuerzo y optimismo, en oposición a las que tienen una mentalidad fija, que piensan que sus habilidades no mejorarán, sin importar cuánto se esfuercen. Dweck apunta que una misma persona puede tener en distintos momentos una mentalidad u otra, aunque por lo general con dominio de una de ellas.[65]

Cambiar de opinión

No tiene por tanto nada de vergonzoso cambiar de opinión acerca de un asunto cuando se ha llegado a la conclusión de que nuestras conclusiones eran inexactas o erróneas; más bien todo lo contrario, tal como reza la paremia *rectificar es de sabios.*

A pesar de ello, inconscientemente *olvidamos* algunas veces nuestros cambios de opinión, al no dejar rastro en nuestra memoria. Solo la prueba gráfica nos convence entonces de que tal cambio se ha producido. Una muestra empírica la expone el doctor en ingeniería Kiko Llaneras, que trabaja como

---

63 FACIONE, Peter A. *Pensamiento Crítico: ¿Qué es y por qué es importante?* https://eduteka.icesi.edu.co/pdfdir/PensamientoCriticoFacione.pdf

64 VALÉRY, Paul. *Malos pensamientos & otros.* Madrid, 2021.

65 DWECK, Carol. *Mindset. La actitud del éxito.* Málaga, 2016 / https://aprendemosjuntos.bbva.com/especial/la-mentalidad-que-puede-cambiar-la-vida-de-un-nino-carol-dweck/

periodista de datos para *El País*, en un artículo que publicó el 8 de enero de 2024. Haciendo balance de las predicciones realizadas por él mismo y cuatrocientos de sus lectores un año antes, se percató de que había cambiado (actualizado, prefiere decir) de opinión sin darse cuenta. Estaba convencido de que un año antes había predicho lo mismo que predecía ahora, pero no era así. «Ha sido fascinante viajar a mi cerebro de hace 12 meses y encontrarme con juicios que no reconozco. He olvidado alguna de mis ideas equivocadas, en una demostración de manual de sesgo retrospectivo. Es otra ventaja de dejar tus predicciones escritas: te hacen transparente incluso ante tus propios ojos».[66]

VENTAJAS Y DESVENTAJAS DEL AUTOAPRENDIZAJE

Siendo muchas las ventajas que confiere el autoaprendizaje, destaquemos las siguientes:

- Incrementa nuestra responsabilidad mediante la voluntad y la autodisciplina.
- Participa en la formación de nuestra personalidad, desarrollando habilidades como el autocontrol y la autoestima.
- Desarrolla nuestra capacidad de aprender a aprender.
- Propicia nuestra inventiva, en vez de aceptar e imitar lo que enseñan los demás.
- Permite la elección de la materia a estudiar.
- Permite establecer el horario y ritmo de trabajo propios.

---

66 LLANERAS, Kiko. «Hace un año hicimos sesenta predicciones para 2023. ¿Acertamos?». *El País,* 8 enero 2024. En su libro *Piensa claro*, Llaneras aboga por la actualización de ideas con la incorporación de nuevas informaciones.

- Al trabajar en lo que gusta y se ha elegido, la labor no resulta aburrida y, en el caso de trabajar por cuenta ajena, se realiza de manera más proactiva.
- Favorece la depuración y perfeccionamiento de los sistemas de trabajo, como la utilización de las fuentes o la selección de información.
- Obliga a mantenerse actualizado, a practicar un aprendizaje permanente.
- A diferencia de lo que ocurre con la enseñanza reglada, se puede encontrar trabajo más rápido, tanto por cuenta ajena como autónomo (*freelancer*, *e-commerce manager*, diseñador de moda o digital, profesor online o *coaching*, agente o corredor inmobiliario, artista, etc.). En 2018, según un estudio publicado por HackerRank, el 65 % de los desarrolladores de software eran autodidactas (un 27,4 % lo eran completamente y un 37,7 % parcialmente).[67] También a principios de febrero de 2018, *The Economist* publicó un análisis sobre el retorno económico que genera tener un título universitario en el ámbito de la OCDE. Según este informe,

  > el porcentaje de licenciados entre los jóvenes de 25 a 34 años ha pasado del 20 % a un notable 43 % durante las tres últimas décadas (España se encuentra en la media, mientras que en otros países como Corea del Sur el porcentaje asciende hasta un 70 %). Sin embargo, la correlación entre tener un título y ganar más renta es apenas inexistente. Cerca del 49 % de las

67 PARDO, Lisandro. «El 65 % de los desarrolladores actuales es autodidacta. Habilidad sobre títulos, la nueva regla». Neoteo https://www.neoteo.com/el-65-por-ciento-de-los-desarrolladores-es-autodidacta/ Aunque las empresas siguen buscando programadores y desarrolladores en las universidades, cada vez contratan a más autodidactas parciales o totales. «Los programas tradicionales de ciencias de la computación inevitablemente pierden el ritmo frente a la velocidad del avance tecnológico, y la única forma de responder a la intensa demanda es a través del autoaprendizaje». El estudio de HackerRank ya citado.

profesiones actuales, que cuentan con empleados mejor formados que nunca, ha sufrido desde 1970 un descenso en su retribución salarial media o en su capacidad adquisitiva real.

Pero los desarrolladores de software, el perfil más demandado por las tecnológicas de Silicon Valley y Seattle, pertenecen a la otra parte de la ecuación, la ventajosa. Si durante los setenta los desarrolladores ganaban una media de 65.000 dólares de la época y solamente el 42 % de ellos eran universitarios, hoy su salario es de unos 95.000 dólares y los empleados con título universitario dentro de esta familia profesional se ha duplicado.

En este caso concreto, tener un título parece que importa y es rentable, pero un estudio de 2017 de Stack Overflow, una de las comunidades de desarrolladores más populares de EE. UU., demuestra que para entender lo que ocurre en el sector tecnológico hay que revisar más datos. Del total de ocupados con título universitario, un 26 % de ellos no vienen de carreras relacionadas con tecnología, programación o ingeniería y el 32 % de los que sí están vinculados con esas disciplinas reconoce que su educación formal no ha sido un factor decisivo para su éxito presente ni menos para el futuro.

Entonces, ¿cuál es el resorte que según ellos provoca aspirar a un empleo realmente atractivo? La respuesta para el 90 % de los encuestados es contundente: ser autodidacta y mantenerse compulsivamente informado e instruido en los últimos avances.[68]

En cuanto a las desventajas, señalemos de mayor a menor importancia:

- Los conocimientos adquiridos no están avalados por títulos, diplomas ni certificados de instituciones oficiales.
- Obliga a la adquisición de herramientas propias.

68 GONZÁLEZ PASCUAL, Alberto, art. cit.

- Riesgo de inestabilidad horaria.
- Si no se realiza con motivación y rigurosidad, el autodidactismo corre el riesgo de reducirse a un saber prestado, a un *hablar por boca de ganso*, carente por tanto de reflexión y opinión propias.[69] Entonces el presunto autodidacta se convierte en lo que Cadalso llamó *erudito a la violeta*, en alusión a uno de los perfumes preferidos por los jóvenes a la moda en el siglo XVIII («tanto erudito barbilampiño, peinado, empolvado, adonizado, y lleno de aguas olorosas de lavanda, *sanspareille*, ámbar, jazmín, bergamota, y violeta, de cuya última voz toma su nombre mi escuela»). «En todos los siglos y países del mundo han pretendido introducirse en la república literaria unos hombres ineptos, que fundan su pretensión en cierto aparato artificioso de literatura. Este exterior de sabios puede alucinar a los que no saben lo arduo que es poseer una ciencia, lo difícil que es entender varias a un tiempo, lo imposible que es abrazarlas todas, y lo ridículo que es tratarlas con magisterio, satisfacción propia, y deseo de ser tenido por sabio universal».[70] Conviene aclarar que también hay entre estas personas que opinan de todo con escaso conocimiento de casi todo, quienes poseen títulos académicos que exhiben como patente de corso para opinar acerca de temas de lo más variopinto y ajeno a su especialidad. Gracián dice de estos pseudoeruditos: «Hay sujetos que solo son fachada, como casas sin acabar porque faltó caudal: tienen la entrada de palacio y de choza las habitaciones».[71]

---

69 Antiguamente, se llamaba *ganso* al ayo o pedagogo de niños. Cuando estos se limitaban a repetir lo que le enseñaban, se decía que hablaban *por boca de ganso*.

70 CADALSO Y VÁZQUEZ DE ANDRADE, José. *Los eruditos a la violeta*. Madrid, 1772.

71 GRACIÁN, Baltasar, op. cit.

Herramientas

Aunque cada autodidacta elige sus propios recursos, es lógico pensar que en todos o en casi todos los casos coincidirán a la hora de elegir los instrumentos con los que piensa forjar el autoaprendizaje. No resulta aventurado apuntar entre los medios más comunes la lectura, la escritura, la reflexión o la conversación.

LEER

La lectura es una actividad perceptiva intelectual dirigida a la comunicación, pero también a la recepción de la información y a la comprensión. La lectura «hace germinar la semilla del saber y abre las puertas de nuestra imaginación; pudiéramos decir que tiende un puente entre épocas, generaciones y pueblos; rompe, en fin, cualquier barrera».[72] La relación entre lectura, cognición y los procesos implicados en el aprendizaje está demostrada por las investigaciones en neurociencia. Además, la

---

72 FLORES MARTÍNEZ, Norma y DIÉGUEZ TORRES, Vivian. *La lectura y la comunicación*. Univ. Coruña. https://ruc.udc.es/dspace/bitstream/handle/2183/7982/LYT_8_1996_art_19.pdf?sequence=1&isAllowed=y

lectura es el mejor ejercicio para reforzar nuestra capacidad de concentración.

Mientras leemos, nuestro cerebro experimenta funcionamientos y desarrollos internos que, por ejemplo, favorecen la capacidad de comprensión o fomentan la empatía hacia personajes de ficción. Según un estudio del neurocientífico Gregory Berns sobre *Efectos a corto y largo plazo de una novela sobre la conectividad del cerebro*, «al leer, la activación que se produce en el cerebro es muy alta, por lo que pone en alerta muchas regiones cerebrales al mismo tiempo. Y como resultado, mejora la calidad de conexiones neuronales». La visión del circuito lector que se desarrolla con la lectura ha sido registrada mediante neuroimágenes cerebrales.[73] Según Sebastià Serrano, doctor en lingüística matemática, la lectura sirve para ejercitar la interconectividad de nuestros sentidos en el cerebro.[74]

Podemos entrenar nuestro cerebro para realizar lecturas profundas, que exigen concentración y que no tienen por qué ser siempre ensayos sesudos, puesto que también la ficción literaria requiere centrar intensamente la atención. «La ficción literaria ejercita la imaginación de un lector en cuestiones

---

73 El resultado de la investigación dirigida por Berns ha sido publicado en varias revistas especializadas, como *Brain Connectivity*. Referencias electrónicas, *passim, ejs.*: CLARK, Carol. «Una mirada novedosa a cómo las historias pueden cambiar el cerebro». *Emory University*. https://news.emory.edu/stories/2013/12/esc_novels_change_brain/campus.html / LOBOS, Ivón. «Aprendizaje autónomo y lectura: aportes de la neurociencia». *Edubiblio* https://edubiblio.com/aprendizaje-autonomo-y-lectura-aportes-de-la-neurociencia/ / TOBAR, Héctor. «Investigadores encuentran que leer una novela ejercita los "músculos" del cerebro». *Los Angeles Times*, 3 enero 2014, https://www.latimes.com/books/la-xpm-2014-jan-03-la-et-jc-reading-a-novel-makes-muscles-in-the-brain-researchers-find-20140103-story.html

74 AMIGUET, Lluís. «Al leer, el cerebro interconecta vista, olfato, gusto, tacto…». *La Vanguardia*, 8 septiembre 2023. https://www.lavanguardia.com/lacontra/20230908/9212542/sebastia-serrano-leer-cerebro-interconecta-vista-olfato-gusto-tacto.html

relativas al carácter y a los matices emocionales».[75] En efecto, además de los conocimientos cognitivos y lingüísticos, la lectura fomenta la motivación y los sentimientos del lector.[76]

El lector (Hodler Ferdinand, h. 1885.
Museo Nacional Thyssen-Bornemisza, Madrid)

La lectura en la infancia

«Los niños de cuarto de primaria, de ocho y nueve años, cuyos padres leen con ellos en casa llevan medio curso de ventaja en comprensión lectora respecto a los que no lo hacen», según un estudio realizado por la Fundación Bofill con datos

75 TURKLE, Sherry, op. cit., pp. 87-88.

76 *Cf.* MIR, Montserrat. *La lectura como base para la comunicación oral.* https://cvc.cervantes.es/ensenanza/biblioteca_ele/asele/pdf/21/21_1155.pdf

procedentes, entre otras fuentes, de las evaluaciones internacionales de Pisa y Pirls.[77]

Los niños lectores potencian su capacidad de concentración y de memorización, mejoran su ortografía y amplían el léxico que utilizan a diario. Si además la lectura es en voz alta, se impulsa la comprensión lectora, se mejora la pronunciación y se perfecciona la expresión oral.

Internet y reducción de capacidad de lectura profunda

En una entrevista publicada en diciembre de 2022, el neurocientífico Ricard Solé afirmó que «la neurociencia nos ha enseñado que el libro de papel, para aprender, para comprender, memorizar o establecer relaciones entre partes de un discurso es mucho más poderoso que cualquier medio digital. Pese a que se hable de lo maravillosos que son los medios digitales, para la educación eso está lejos de ser cierto».[78]

Los estudiantes más jóvenes son incapaces generalmente de leer libros que requieran una lectura profunda debido a la costumbre de practicar un tipo de lectura a través de internet que reduce esta habilidad de atención sostenida.

El tipo de lectura a la que nos referimos es la de rozar la información, leyendo titulares y mirando imágenes, sin apenas profundizar y dificultando el desarrollo de la narrativa necesaria para construir una reflexión, para retener y analizar un

---

77 ZAFRA, Ignacio. «Los niños que leen en casa con sus padres llevan medio curso de ventaja respecto a los que no lo hacen». *El País*, 28 octubre 2022. https://elpais.com/educacion/2022-10-28/los-ninos-que-leen-en-casa-con-sus-padres-llevan-medio-curso-de-ventaja-respecto-a-los-que-no-lo-hacen.html

78 MEDIAVILLA, Daniel. «Ricard Solé, físico: "Para aprender, el libro de papel es mucho más poderoso que cualquier medio digital"». *El País,* 29 diciembre 2022, actualizado 2 enero 2023, https://elpais.com/salud-y-bienestar/2022-12-29/ricard-sole-neurocientifico-para-aprender-el-libro-de-papel-es-mucho-mas-poderoso-que-cualquier-medio-digital.html

tema en conjunto y construir un argumento propio. Es la misma diferencia entre surfear y bucear.

> No les ayuda el exceso de información en circulación que ya les llega filtrada en las redes y, por tanto, les evita el esfuerzo y el beneficio de pasar de la letra al sentido —de interiorizar el texto— y ya no lo hace su biología a través del tálamo para que pase a la conciencia. [...] Además, durante la adolescencia determinadas estructuras cerebrales no están totalmente construidas y esa lectura superficial a la que se habitúan requiere poco esfuerzo y no suficiente para entender textos exigentes. Más libros y menos redes: sí.[79]

El 10 de octubre de 2023 se hizo público el llamado *Manifiesto de Liubliana*, firmado por profesores de las universidades de Ratisbona, Stavanger, Liubliana y Leiden, en la que advertían de la importancia, en la era digital, de la lectura de nivel superior por ser «nuestra herramienta más poderosa para el pensamiento analítico y crítico. Ejercita la metacognición y la paciencia cognitiva, amplía nuestras capacidades conceptuales entrena la empatía cognitiva y la toma de perspectiva, habilidades sociales que son indispensables para los ciudadanos informados en una sociedad democrática».[80] Cada vez son más las universidades que se adhieren a este manifiesto.

El problema por tanto no es la navegación por internet, sino limitarse a la recopilación de fragmentos con que formar un relato sincopado, en vez de optar por la lectura de un libro o de un texto más extenso, que sirva para crear un hilo argumental más sostenido.

Según Maryanne Wolf, neurocientífica cognitiva de la Universidad de Tufts (EE. UU.), también muchos adultos están

---

79 Sebastià Serrano, art. cit.

80 «El Manifiesto de la Lectura de Liubliana». https://readingmanifesto.org/#

perdiendo esta habilidad de leer en profundidad, si bien tienen la capacidad de recuperarla: «Los adultos que crecieron leyendo literatura de calidad tienen la capacidad de *forzarse* a concentrarse cuando leen textos largos y de reactivar los circuitos neuronales que permiten una lectura profunda, que es posible que hayan perdido después de pasar más tiempo conectados a internet que entre libros».[81]

Una investigación mostró que cuando las personas se acostumbran a recibir la información en segmentos de seis minutos únicamente, las presentaciones más extensas terminan por aburrirlas. Esta misma investigación demostró que «cuando estudiantes universitarios ven vídeos educativos, solo prestan atención durante seis minutos, sin importar lo largo que sea el vídeo». Turkle se hace eco de la siguiente experiencia de Wolf:

> [...] una noche se sentó a leer *El juego de los abalorios* de Hermann Hesse, uno de sus autores favoritos. Wolf no pudo concentrarse en el libro. Sintió un momentáneo ataque de pánico y se preguntó si su vida de hiperconexión le había costado su capacidad lectora [...]. Empezó a estudiar el efecto que tienen la lectura superficial, el «escaneo» de las páginas de internet y una navegación continua por la red en nuestra capacidad para leer profundamente, lo que ella denomina «lectura profunda». Su tesis es que la vida virtual dificulta progresivamente la recuperación de la capacidad de concentración. Esto se debe a la plasticidad del cerebro, el cual está en flujo constante a lo largo de nuestras vidas, y que se «rediseña» en función de cómo distribuimos nuestra atención.[82]

---

81 WOLF, Maryanne. *Cómo aprendemos a leer*. Barcelona, 2007. Turkle dice que Nicholas Carr se inspiró en el estudio de Wolf (*Proust and the Squid: The Story and Science of the Reading Brain*, Harper, Nueva York, 2007) a la hora de tartar la noción más general de «la mente en Google», op. cit., p. 436.

82 TURKLE, Sherry, op. cit., p. 252.

Wolf sostiene el siguiente argumento en desarrollo sobre cómo se puede perder la capacidad: «El acto de ir más allá del texto para analizarlo, inferir y pensar nuevas ideas es producto de años de formación. Requiere tiempo, tanto milisegundos como años, y un esfuerzo para aprender a leer en profundidad, expandir la comprensión y ejecutar estos procesos como un lector adulto experto. Cuando se necesita construir este circuito lector, el cerebro no cuenta con una programación para ello, no existe garantía genética de que cualquier lector principiante individual pueda llegar a formar el circuito de lector experto que la mayoría de nosotros creamos. La plasticidad del circuito de lectura también es su talón de Aquiles. Puede formarse completamente con el tiempo y mejorarse a medida que añadimos cuanto leemos, o puede ser un circuito corto, tanto en los primeros momentos de su periodo de formación como más tarde, después de su formación, mediante la ejecución de una parte de sus potenciales recursos cognitivos disponibles. Dado que leemos, literal y psicológicamente, de diversas maneras, nuestro modo de lectura y la forma en que abordemos cuanto leemos se ven influidos tanto por el contenido de nuestra lectura como por el medio que usemos».[83]

Mi mayor preocupación es que, al enfrentarse a la superabundancia digital de información inmediata que requiere y a la que dedicamos mucho menos esfuerzo intelectual, muchos nuevos (y antiguos) lectores no tendrán ni el tiempo ni la motivación para reflexionar sobre los posibles estratos significativos de lo que están leyendo. La omnipresencia de múltiples distracciones de la atención —y la atracción natural del cerebro hacia la novedad— contribuye a una mentalidad hacia la lectura que busca reducir la información a su mínimo denominador conceptual. Los extractos sonoros, textuales y mentales son el re-

83 WOLF, Maryanne. «Our "Deep Realing" Brain: Its Digital Evolution Poses Questions», *Nieman Reports*, verano de 2010. Citado por TURKLE, Sherry, op. cit., pp. 445-446.

> flejo de una cultura que se ha olvidado de recoger o que se ha distraído o se ha sentido atraída por las noticias más recientes como para permitirse a sí mismos el tiempo para pensar.[84]

Afortunadamente, que el cerebro tenga plasticidad significa que en cualquier momento o edad podemos activarlo para que vuelva a hacer uso de la atención profunda.

Esta plasticidad cerebral depende tanto de la energía química que transmiten los neurotransmisores como la energía eléctrica que conectan las neuronas mediante ondas cuyas frecuencias oscilan entre uno y treinta hercios, dependiendo de la actividad que realizamos, tal como veremos más adelante.

La lectura como herramienta básica para el autodidactismo

La capacidad de leer y comprender textos es fundamental para la enseñanza de cualquier ser humano, pero aún más para quien se propone formarse de manera autónoma, ya que esto implica buscar por sí mismo la información, utilizando la lectura como principal herramienta. A diferencia de quien es educado por tutores que le recomiendan u ordenan lo que debe leer, el autodidacta debe aprender a elegir los textos que le ayudarán a autoformarse, interpretándolos de manera crítica.

> ¿No sabéis que solo estáis gobernados por libros? ¿Sabéis que el código civil, el código militar y el Evangelio son libros de los que dependéis siempre? Leed, ilustraos; un alma solo se hace fuerte por la lectura.[85]

---

84 WOLF, Maryanne y BARZILLAI, Mirit. «The Importance of Deep Reading», *Educational Leadership* 66, n.º 6 (marzo de 2009), pp. 32-37. Citado por TURKLE, Sherry, op. cit., pp. 445-446.

85 VOLTAIRE. *El hombre de los cuarenta escudos.* En *Novelas y cuentos,* Voltaire. San Juan de Puerto Rico, 1971.

Al ser un acto deliberado, estrechamente vinculado al aprendizaje autónomo, la lectura se convierte también en un placer.

La lectura es imprescindible para acceder al pensamiento crítico puesto que inicia en la interpretación, análisis, evaluación y autorregulación.

Me enseñó a leer mi tía Paquita cuando tenía tres años. Era maestra, daba clases en el colegio San Francisco de Asís, que dirigía su hermana mayor, mi tía Luisita, el único que había en el barrio de El Real de Melilla.

Colegio San Francisco de Asís, Melilla.

Desde entonces la lectura me ha servido de aprendizaje y entretenimiento, para conocer lo que pensaban personas inteligentes que vivieron hace años o siglos, también sus vidas, vivir mil aventuras y viajar por el mundo sin moverme de mi casa; me ha servido para imaginar, soñar, reír y llorar, para conocerme mejor como persona, para ser más tolerante, para debatir con mayor sensación de seguridad, para corregir malentendidos e ideas erróneas que me habían sido imbuidas en mi inmadurez.

Gracias a los miles de libros que he leído durante mi ya dilatada vida, he cambiado de opinión muchas veces y sobre muchas cosas, he aprendido a no aceptar casi nada como verdadero, a cuestionar todo lo que se me dice de manera axiomática, he atesorado conocimiento acerca de todo aquello que, en algún momento, me ha interesado, ya fuera relacionado con la historia, la literatura, la ciencia, la religión, la política, la psicología, la filosofía, el arte, la lingüística…

He pasado temporadas más o menos largas enfrascado en la lectura casi obsesiva de una cuestión determinada o un personaje concreto. A veces, el asunto se repetía. Recuerdo haber pasado varios meses seguidos leyendo sobre filosofía, dedicar semanas enteras a leer biografías, gastarme bastante dinero comprando libros sobre religión, sobre historia, sobre lexicografía… Desde luego estas temporadas en las que me dominaba un tema en concreto no estaban concatenadas y mientras duraban no dejaba de leer alguna que otra novela, pero gracias a ellas he disfrutado con la lectura de libros que considero indispensables para mi formación como persona, muchos de los cuales he releído dos y hasta tres veces. Ahora en mi biblioteca se hacen compañía varias biblias (una de ellas ecuménica, con comentarios paralelos de la interpretación católica, ortodoxa, hebrea y protestante), escoltadas por un par de traducciones del Corán; poseo varias enciclopedias entre las que reina la Espasa-Calpe; se apiñan diversos diccionarios, siendo mi preferido el etimológico de Corominas y Pascual; comparten estanterías libros de Nietzsche, Schopenhauer, Séneca y Epicuro, de Cervantes, Shakespeare, Balzac y Dostoievski, de historia de España, América y África, de libros editados recientemente mezclados con otros que compré hace más de medio siglo, de los que me han sido regalados (casi todos con dedicatorias) con los míos propios. Y así hasta varios miles repartidos en todas las estancias de mi casa.

ESCRIBIR

Para los antiguos egipcios, todo lo que se nombra, existe, y todo lo que se escribe, existe para siempre. Por eso, para que la historia perdurara, inventaron los jeroglíficos.

Escritura cuneiforme neoasirio (British Museum).

La escritura es un invento relativamente reciente entre los humanos, pues se dice que apareció en Mesopotamia hace unos seis mil años.

Como medio de comunicación, la escritura vino a complementar el habla y sirvió para perfeccionar la estructuración y ordenación del pensamiento, la estimulación de la creatividad y la mejoría de las competencias lingüísticas.

Pero, además, según se ha descubierto más recientemente, escribir ficción ayuda a aliviar la depresión, ya que, al transferir el autor en el texto sus propias experiencias y emociones en mayor o menor medida, sirve de terapia contra el estrés y la ansiedad. Enemiga tradicional de esta saludable manera de expresarse es la censura, ya sea impuesta o voluntaria. Desde hace unos años existe la llamada *censura de lo políticamente correcto*, que no es más que una versión edulcorada y naíf de coartar la libertad de expresión y que, en literatura (como en otras manifestaciones artísticas), cercena la creatividad y favorece la mediocridad.

Para muchos psicólogos, la mejor herramienta para reordenar las emociones es el diario personal o emocional; es decir, el cuaderno en el que no solo escribimos sobre lo que nos ha pasado cada día, sino que también sirve para reflexionar sobre nuestros sentimientos y emociones, sobre nuestros defectos y virtudes.

Un estudio realizado en 1994 por James W. Pennebaker, de la Southern Methodist University de Dallas, demostró que escribir sobre nuestras emociones es muy beneficioso para la salud mental. Desde entonces se han desarrollado numerosas investigaciones que corroboran el papel terapéutico del diario emocional.[86]

Al fin y al cabo, escribir es otra forma de reflexionar, de dialogar con nosotros mismos, a veces de manera casi inconsciente. «Realmente pienso con mi pluma, pues a menudo mi cabeza no sabe nada acerca de lo que mi mano está escribiendo».[87] Otra ventaja de escribir un diario es que, como antaño, suele hacerse a mano, por lo que, cuando se releen las entradas, se

---

86 *Cf.* JARQUE, Jordi. «Los beneficios de escribir tu diario», *La Vanguardia*, 20 septiembre 2013, actualizado 15 octubre 2013, https://www.lavanguardia.com/estilos-de-vida/20130920/54389788499/los-beneficios-de-escribir-tu-diario.html

87 WITTGENSTEIN, Ludwig. *Aforismos. Cultura y valor.* Barcelona, 1996.

perciben en las palabras y en la caligrafía pistas acerca del estado mental del escribiente.

La escritura manual es otro asunto que empieza a ser preocupante para las nuevas generaciones debido a la falta de práctica, lo que conlleva una pérdida continuada de la calidad de la caligrafía. «Cuando devuelvo los trabajos a mis estudiantes, los comentarios tienen que ser con letra como de imprenta, porque no saben leer la escritura a mano. Y la suya a menudo es muy difícil de leer porque simplemente no practican nunca», advierte el estadounidense Joe Clement, coautor de *Screen Schooled* (*Educado en la pantalla*), que lleva tres décadas dando clases de secundaria.[88]

Me gusta presumir de que nunca me he aburrido. Puede ser una pedantería, pero desde luego no es una exageración. En gran medida esto se debe a la escritura.

Cuando siendo niño no podía salir de casa por cualquier circunstancia, como mis padres solo podían comprarme un juguete para Reyes o mi cumpleaños, me divertía (y muchísimo) con objetos caseros como las pinzas de tender la ropa, un palo y un dado (fabricaba circuitos larguísimos de Fórmula 1 o etapas del Tour que recorrían el suelo del comedor o de un par de habitaciones), unos botones (celebraba auténticas batallas campales encima de una mesa) o un simple aro metálico o un bastidor de madera (convertidos en volantes, los utilizaba para guiar el autobús por toda la casa, recogiendo y dejando invisibles pasajeros en las paradas que había repartidas por pasillos y estancias). Y en clase, cuando no me interesaba lo que contaba el maestro o me obligaban a estar una hora estudiando algo que no me gustaba o que ya sabía, solía entretenerme con dos lapiceros (luchaban entre ellos usando mis dedos como brazos), un par de gomas

88 SILIÓ, Elisa. «Un experto en pantallas y educación de Estados Unidos: "Mis alumnos no entienden la escritura a mano"». *El País,* 4 enero 2024.

(recorrían el pupitre en una carrera imparable) u observaba con curiosidad, con cierta dificultad debido a mi astigmatismo e hipermetropía, los mapas que colgaban de las paredes. Pero como no mantenía la mirada fija en el libro de texto correspondiente, el maestro o el chivato de turno al que encargaban vigilar la clase terminaban por apuntarme en la pizarra, lo que suponía recibir el subsiguiente castigo. Hasta que mi magín me animó a probar con la escritura.

En los años 60 vivía con mi familia en un barrio periférico de Albacete, en un cuarto piso sin ascensor huérfano de libros, aunque no de folletines, ya que mi padre era aficionado a las novelas de Lafuente Estefanía y mi madre de las románticas escritas por Corín Tellado. Pero como a mí no me gustaban y no teníamos dinero para comprar libros que no fueran los de texto, iba muchas tardes andando hasta el centro de la ciudad para pasarme varias horas en una de las pocas (si no la única) bibliotecas públicas que había entonces en Albacete. Leía a Verne, Salgari, Jack London, Walter Scott, Mark Twain, Stevenson..., aunque también me entusiasmaban algunos tebeos (cómics se llamaron luego), como los del Capitán Trueno, el Jabato o Hazañas Bélicas, si bien la mejor tarde, la más gozosa, era cuando encontraba libre el último número publicado de Tintín. Regresaba a casa con la imaginación rebosante y en ebullición. Una imaginación que apenas podía alimentar entonces con el cine (lejano, caro y, en muchos casos, decepcionante) y la televisión (de llegada tardía a mi casa, bastante censurada para mí por orden paterna y con horario restringido).

Así que cuando estaba en la academia durante las horas de estudio o asistiendo a una clase insulsa, me servía de mi bulliciosa imaginación para escribir relatos de aventuras, de terror o de fantasía en un cuaderno y, supongo, con más faltas de ortografía de las que recuerdo. Estaba convencido de que nadie sospecharía de mi carencia de atención en lo que se consideraba que debía estar haciendo, al fin y al cabo nada más natural que ver a un estudiante escribir en un cuaderno. Pero el caso es que, no sé si por culpa de mi entusiasmo, de mi excesiva concentración o de la perspicacia de algún profesor o chivato, se descubrió mi infracción. Un día, me fue arrebatado el cuaderno y entregado al director de la academia Aristos. Don Pascual, que así se llamaba, hizo llamar a mis padres, a quienes entregó en mi presencia la prueba del delito. «Si quiere escribir estas cosas, que lo haga en casa. Aquí se viene a estudiar», sentenció. No recuerdo que mi padre me regañara, pero nunca olvidaré las bromas que hube de soportar de mi hermano mediano cuando, con todo mi dolor, se empeñó en leer en voz alta y entre risotadas mi primera obra literaria. Tenía nueve o diez años. Recuerdo que uno de aquellos cuentos lo titulé algo así como El castillo de los Munsterbergg.

En la Academia Aristos de Albacete, 1963-1964.

Pero la afición a la escritura ya había prendido en mí y, haciendo caso de lo ordenado por don Pascual, me limité a escribir ficción solo en casa. Nos mudamos a Barcelona, me matricularon en el colegio Inmaculada de los maristas y debido a las exigencias de mis nuevos docentes, apenas sí pude dedicar tiempo a la escritura recreativa.

Tras morir mi padre acabé mis estudios de bachillerato en un internado madrileño, el Colegio Santiago o CHOE (Colegio de Huérfanos de Oficiales del Ejército), situado en la avenida General Ricardos de Carabanchel Bajo, actual Residencia de Estudiantes de San Fernando. Allí tuve mucho tiempo para leer y escribir, si bien es cierto que esto último estaba relegado a un plano muy secundario debido a la necesidad de estudiar para aprobar algunas asignaturas que no me gustaban.

Fue a mi vuelta a Barcelona y a la libertad que me dio conseguir un trabajo fijo y bien remunerado, así como el abandono de la universidad, lo que me dio tiempo y deseo para retomar con fuerza mi gusto por la literatura. Creo recordar que a finales de 1973 terminé mi primera novela, que titulé Quirófano 7, claramente influida por la guerra árabe-israelí, bélica por tanto, y por supuesto inédita. A partir de entonces las novelas primero y los ensayos después fueron saliendo de mi bolígrafo, mi máquina de escribir y mi ordenador sucesivamente y casi sin descanso. Comenzó entonces mi lucha con las editoriales. Una lucha en principio decepcionante, pero sin cuartel por mi parte. Bien sabía yo que tenía mucho camino por delante para ver una de mis obras publicadas, pero no me arredraba el esfuerzo, más bien todo lo contrario, puesto que escribir me ayudaba a sentirme mejor conmigo mismo. La escritura venía a ser la consecuencia y el resultado de otras actividades que llevaba a cabo con entusiasmo: leer, viajar, conversar, observar, reflexionar, imaginar, averiguar... Era el colofón de un proceso de autoformación que notaba íntimamente cómo me enriquecía paulatinamente como persona, fortaleciendo mi autoestima pese a los rechazos y traspiés que sufría a causa de la ruda realidad que representaban las editoriales y los críticos. Pero, como *dijera Cicerón a Ático: «A mí me interesaba más mi conciencia que la opinión de los demás»[89]; y mi conciencia cada vez estaba más satisfecha.*

CONVERSAR

Transformar mentalmente ideas, imágenes y emociones en palabras que pronunciamos en voz alta o baja es una habilidad que tenemos los humanos heredada genéticamente y regulada por el cerebro.

Hablar es algo tan común, tan cotidiano, que nos olvidamos del portentoso y maravilloso fenómeno que es.

> Cuando hablas con tus amigos no te das cuenta, pero tu cerebro realmente está llevando a cabo algunas tareas bastante complicadas. Por ejemplo, si quieres pronunciar la palabra que representa un objeto, tu cerebro tendrá que hacer básicamente tres cosas. Primero tienes que extraer de tu «diccionario» mental el término que designa ese objeto, lo cual, dicho de un modo más técnico, es la fase de identificación léxica. Después tienes que construir la palabra que lo representa en un lenguaje concreto, es decir, organizarla morfológicamente (el lexema, los prefijos, sufijos y todo eso que aprendimos en la asignatura de lengua). Y finalmente tienes que enviar las órdenes necesarias a los músculos de la garganta para generar los sonidos correspondientes, o sea, la codificación fonológica. Todas estas funciones se llevan a cabo en un área de la mitad izquierda de tu cerebro conocida como *área de Broca*, que fue descrita por el médico francés Pierre Paul Broca en 1865 [...]. En total, el proceso dura algo menos de medio segundo, y cada una de estas actividades tiene lugar en zonas concretas que están separadas por unos pocos milímetros.[90]

---

89 CICERÓN, Marco Tulio. *Cartas a Ático.* México, 1975.

90 NOVO, Javier. *Genes, microbios y células.* Barcelona, 2011.

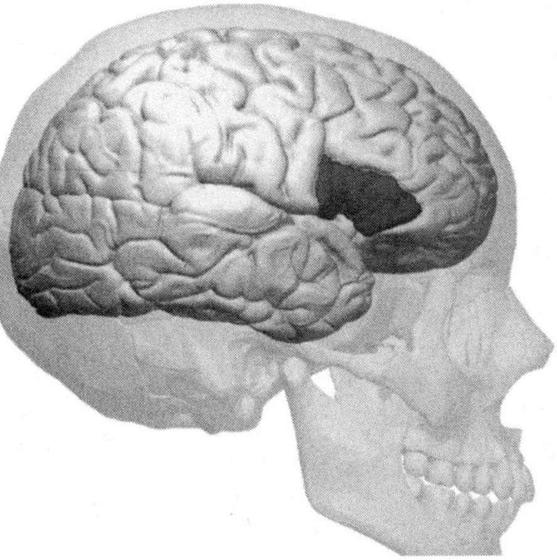

Área de Broca, ubicación.

Cuando una o varias personas hablan entre sí se entabla una conversación.

La conversación es, sin duda, una de las herramientas más efectivas del autodidactismo. Desde luego no nos referimos simplemente a hablar, como tampoco a la conversación banal, sino a la que, sin necesidad de alcanzar un gran trascendentalismo, es lo suficientemente importante y profunda como para que resulte enriquecedora.

Platón escribió que la conversación es la forma más elevada del conocimiento y escribió sus obras en forma de diálogos. Henry Fielding, en su *Miscelánea*, publicada en 1743, definió la conversación como el intercambio de ideas mediante el cual se examina la verdad y en el que cada cuestión se analiza desde distintos puntos de vista, de manera que el conocimiento se comparte.[91]

Para la historiadora de la cultura Benedetta Craveri el ideal de la conversación es la conjugación de «la ligereza con la

91 REBÓN, Marta. «Elogio de la conversación». *El País*, 9 junio 2019, https://elpais.com/elpais/2019/06/04/eps/1559648700_232761.html

profundidad, la elegancia con el placer, la búsqueda de la verdad con la tolerancia y con el respeto de la opinión ajena».[92]

Con la conversación se contrastan ideas y pensamientos, por lo que conviene hablar de temas que uno considera que conoce apropiadamente, aunque no sea en profundidad, poniendo así a prueba los propios argumentos y con el ánimo de aprender de las opiniones ajenas, e incluso, si es menester, cambiar de opinión. Porque, como ya ha quedado dicho, para el autodidacta una opinión no forma parte de la propia identidad, sino una valoración que puede variar en función de nueva información recibida. La conversación exige el respeto de una escucha atenta, requiere reflexión y una actitud abierta a aceptar, si procede, la transformación de opinión.

> La mente de los sensatos es flexible.[93]

> La conversación nos configura, nuestras palabras nos representan. Lo que decimos modela quiénes somos socialmente.[94]

En consecuencia, es importante construir un habla de calidad que nos ayude a que, cuando mantengamos una conversación reflexiva, nuestro diálogo sea agradable y efectivo, firme y amable a la vez, o sea, asertivo. Porque la asertividad no es solo expresar la opinión de manera firme, tal como dice el diccionario académico, sino que en psicología consiste también en hacerlo sin ofender al interlocutor.[95] En cuanto a la agradabilidad de nuestro conversar, hay expresiones y palabras que conviene pronunciar con prudencia. Un ejemplo de estas

---

92 CRAVERI, Benedetta. *La cultura de la conversación.* Madrid, 2003, p. 18.

93 HOMERO. *La Ilíada.* Trad. Agustín García Calvo. Lucina. Zamora, 1995.

94 MONTOLÍO, Estrella. *Cosas que pasan cuando conversamos.* Barcelona, 2021, p. 11.

95 Montolío resume el estilo comunicativo de las personas asertivas en seis estrategias verbales: insistencia amable, concesión relativa (cada uno tiene su razón), procurar no personalizar, concreción, precisar más que generalizar y autodominio. MONTOLÍO, Estrella, op. cit., pp. 107-109.

últimas es el *pero.* Esta conjunción adversativa que contrapone a un concepto otro diverso se emplea generalmente para señalar que la información que la sigue se presenta como más sólida argumentativamente. Es tan determinante, que basta con intercambiar el orden de las partes de la frase en la que se pronuncia para comprobar lo mucho que cambia el significado (*quiero comprar esta casa,* pero *es muy cara* / *es muy cara,* pero *quiero comprar esta casa*). Quienes abusan del *pero* y, sobre todo, del *sí, pero*, tienen una conversación que suele desagradar al interlocutor. Montolío los llama *siperistas*, a quienes recomienda cambiar cada vez que se pueda el *pero* por el *aunque*, una conjunción concesiva (*tengo ya tres mil libros, aunque querría tener más*) y adversativa (*aunque severo, es justo*). La positividad del *aunque* con respecto a la negatividad del *pero* es evidente (*me gusta, pero está lejos* / *me gusta, aunque está lejos*), una positividad que se incrementa cuando además el *aunque* encabeza la frase e intercambiamos el orden (*aunque está lejos, me gusta*).

Mejorar nuestra comunicación verbal con una mayor atención a las palabras que usamos en nuestras conversaciones es uno de los objetivos de la terapia conocida como PNL. Se trata de una disciplina de la psicología cuyas iniciales provienen de Programación Neurolingüística.

Al igual que sucede con el diario emocional, describir en voz alta lo que nos estresa ayuda a reducir la ansiedad. Además de organizar nuestros pensamientos y validar nuestras emociones, hablar fortalece nuestro sistema inmunológico. Que hablar puede ayudar a la sanación de las personas lo demuestra el poder curativo de la conversación terapéutica que emplean desde hace décadas los especialistas en psicoterapia. Como dice el psiquiatra Rojas Marcos, hablar es un componente importante de la medicina de la calidad de vida.[96]

---

96 ROJAS MARCOS, Luis, op. cit., p. 15.

> [...] comunicarnos a través del habla tiene saludables efectos protectores sobre el músculo cardíaco y las arterias coronarias que lo nutren y oxigenan, ya que expresar con palabras las cosas que nos agobian hace que disminuyan las pulsaciones y la presión arterial [...], existe una conexión de doble sentido entre lo que pensamos, lo que decimos y nuestro estado de ánimo. Las neuronas del lenguaje, especializadas en trasformar ideas en palabras, están conectadas con los centros cerebrales encargados de elaborar las emociones, incluidas las vías de neuronas que regulan la dopamina.[97]

Para amplificar la utilidad de esta herramienta, es recomendable que el autodidacta aprenda otras lenguas aparte de la materna. Aunque somos cerca de seiscientos millones los hispanohablantes que habitamos en nuestro planeta, conviene estar preparado para poder conversar con muchos más en un mundo tan globalizado como el que vivimos. Si bien lo ideal es que el aprendizaje de otras lenguas se haga siendo niño (para Cavalli-Sforza el periodo sensible para aprender los sonidos de un idioma va de los dos a los doce años; «esta capacidad tiende a desaparecer cuando empieza la pubertad, y muy pocos individuos la mantienen después de este periodo»),[98] también los adultos pueden aprender un idioma extranjero, aunque no sea con tanta facilidad.

---

97 *Ibidem*, pp. 165-166.

98 CAVALLI-SFORZA, L.L. *Genes, pueblos y lenguas.* Barcelona, 2010. Para la BBC, la edad límite para aprender el inglés como un nativo es la de diez años. «Las personas continúan siendo aprendices altamente calificados hasta los 17 o 18 años, cuando la habilidad disminuye». Son datos extraídos de un informe publicado por la revista *Cognition*, basados en estudios realizados a casi 670.000 personas de diferentes edades y nacionalidades. «¿Hasta qué edad se puede aprender un idioma y conseguir hablarlo con fluidez?» https://www.bbc.com/mundo/noticias-43969448

Cotejar ideas

Pronunciar en voz alta durante una conversación nuestras ideas sirve para estructurar y ordenar nuestro propio pensamiento y también para que tales ideas sean revalidadas o refutadas por nuestros interlocutores. Conversando aclaramos nuestras propias ideas al mismo tiempo que nuestra mente emprende una sinergia creativa con la de nuestro interlocutor. «Las ideas vienen hablando», dice el filósofo Heinrich von Kleist, refiriéndose a la paulatina elaboración de los pensamientos al hablar.[99] Y nunca sabemos con seguridad y por anticipado cuándo vamos a mantener una conversación interesante.

La conversación (David Teniers, h. 1633.
Museo Nacional del Prado, Madrid).

El abate André Morellet, uno de los filósofos de la Ilustración, escribió que, en la conversación, «la mayoría de las veces, quien habla tiene solamente una idea incompleta que no ha

99 Citado por Sherry Turkle, op. cit., pp. 52-53.

desarrollado del todo, una intuición de la que no ha sacado todas las consecuencias. Si la enuncia en sociedad, alguno de los presentes quedará sorprendido. Encontrará algún nexo con alguna de sus propias ideas, deseará cotejarlas. Este cotejo estimula a su vez al primer formulador de la idea, que ve que sus opiniones iniciales son susceptibles de desarrollo; y cualquiera que contribuya a incrementar esta inversión inicial no tardará en enriquecerse con la contribución común».[100]

Con la conversación se produce una comunicación entre dos o más personas que supone una ósmosis o interpenetración recíproca de mayor o menor intensidad, una influencia que puede ser positiva y agradable o todo lo contrario.

> Influir en una persona es transmitirle nuestra propia alma.[101]

Este contraste de ideas puede alcanzar cierta vehemencia en la exposición de las argumentaciones, que de ninguna manera deben exceder los límites de la cortesía y de la tolerancia. Hasta las conversaciones incómodas y desagradables pueden resultar muy útiles. Hablando solo con quienes sostienen nuestras mismas opiniones nos arriesgamos a no aprender nunca nada nuevo.

Este respeto recíproco en la conversación y sobre todo en la discusión fue definido hace cuatro siglos por el Caballero de Méré como el arte de adaptarse a las exigencias del conformismo mundano sin renunciar a la autonomía de juicio. Para este escritor francés (que se llamaba Antoine Gombaud), no perteneciente a la nobleza pero conocido por sus amigos con el nombre del personaje que usaba en sus diálogos escritos, la

---

100 MORELLET, M. *Éloges de Madame Geoffrin contemporaine de Madame Du Deffand: suivis de lettres de Madame Geoffrin et à Madame Geoffrin et d'un essai sur la conversation.* La Fontennelle, 1812.

101 WILDE, Óscar. *El retrato de Dorian Gray.* Barcelona, 1970.

mejor forma de resolver las cuestiones que se planteaban era con discusiones abiertas entre personas inteligentes e ingeniosas, consiguiendo que todos se sintiesen objeto de la mayor consideración y que nadie tuviese una sensación de inferioridad o de incomodidad, revalorizando el talento de cada uno de los participantes. Para tener éxito en una conversación, debe dejarse brillar a los interlocutores, empleando la psicología para intuir su personalidad y ejerciendo sobre ellos una función mayéutica a base de un planteamiento inteligente de preguntas.[102]

Es importante recalcar lo de evitar en el prójimo una sensación de inferioridad o incomodidad. Conviene a veces no hacer exhibición de todos nuestros conocimientos, aceptando así el sabio consejo del *Eclesiastés*: todas las cosas tienen su tiempo. Porque no es deseable abrumar al interlocutor o aparecer ante él como un pedante al estilo del erudito a la violeta de Cadalso. Este consejo *eclesiástico* fue retomado por Erasmo («Nada más insensato que una sabiduría a destiempo»),[103] por Gracián («Uno no se debe mostrar igualmente inteligente con todos, ni se deben emplear más fuerzas de las necesarias. Ni derroches de sabiduría ni de méritos»),[104] por La Bruyère («El talento de la conversación no consiste tanto en mostrar mucho como en hacer que los demás encuentren»)[105] y también, de una manera menos formal pero igualmente práctica, por la irónica, inteligente y bella Mary Jane West, conocida artísticamente como Mae West («Ser inteligente es una ventaja si se sabe ocultar»).[106]

---

102 *Cf.* GOMBAUD, Antoine. *L'honnete homme*. En *Oeuvres complètes*. París, 2008.
103 ERASMO DE RÓTERDAM. *Elogio de la locura*. Madrid, 1970.
104 GRACIÁN, Baltasar, op. cit.
105 LA BRUYÈRE, Jean de. *Les Caractères ou les Moeurs de ce siècle*. París, 1688.
106 Citada por BUSS, David D. *La evolución del deseo*. Madrid, 1996.

Escuchar

En una conversación, escuchar es tan importante como hablar. Para el autodidacta es incluso más importante escuchar con atención si lo que pretende es aprender, comprendiendo lo que se le dice tanto para su aceptación como su refutación.

Naturalmente, escuchar no consiste solo en permanecer en silencio mientras habla el interlocutor. Escuchar con atención entraña comprender, reflexionar, contrastar, deducir, dudar…, interpretar los silencios.

Los silencios son muchas veces más elocuentes que las palabras. Casi siempre un silencio prolongado resulta incómodo, molesto, a veces hasta violento. Hay silencios que fluyen como duros reproches, como ofensas irritantes. Pero también hay silencios que pueden ser fruto de la sorpresa, de la admiración, del asombro.

> Al final, nos olvidamos de las palabras de nuestros enemigos, pero no del silencio de nuestros amigos.[107]

Escuchar con atención también sirve para detectar las mentiras. Existen varias estrategias de detección de mentiras verbales, siendo la propuesta por el psicólogo Edward Geiselman, antiguo profesor de la Universidad de California en Los Ángeles (UCLA), la que sirvió para desarrollar en 1992 la técnica de la conocida como *entrevista cognitiva*. Hay cuatro marcadores verbales de primer nivel que descubren cuándo una persona está mintiendo, según Geiselman: los lapsus (no los de dicción, sino los de pensamiento, los que se escapan del inconsciente), la discrepancia entre la emoción y la voz, el empleo de una intensificación superflua (con expresiones tales como *te lo digo*

107 Martin Luther King Jr. Citado por Luis Rojas Marcos, op. cit., p. 225.

de verdad, créeme, con total sinceridad, etc.) y la repetición al responder una parte o toda la pregunta (la respuesta en eco).[108]

Mirarse a los ojos

A diferencia de la comunicación telefónica y de la epistolar, ya sea a la manera tradicional o a la actual mediante internet, la conversación presencial, el cara a cara, sirve para que captemos mejor los sentimientos y emociones de nuestros interlocutores gracias a la comunicación gestual y a la mirada, a la expresión de los ojos, a interpretar las pausas, los titubeos y los silencios.

En la conversación cara a cara, además de incrementar nuestra capacidad de captación de información a través de los gestos, de las sonrisas, de los ceños fruncidos y demás expresiones faciales más o menos sutiles, percibimos y disfrutamos mejor del humor y de la ironía.

Importancia de mirarse a los ojos (Cruz Campa).

108 GEISELMAN, Edward. *The Cognitive Interview.* Ed. Charles C. Tgomas, Ltd. Springfield, 1992. Citado por Estrella Montolío, op. cit., pp. 95-101.

Mirarse mutuamente a los ojos es, según Simmel, «la reciprocidad más perfecta que existe en todo el campo de las relaciones humanas».[109] En una posición de igualdad, cuando miramos a los ojos a otra persona, no solo tratamos de captar lo que piensa, sino que trasladamos al mismo tiempo nuestro pensamiento. «En el mismo acto en el que el sujeto trata de conocer el objeto, se entrega a su vez a este objeto. No podemos percibir con los ojos sin ser percibidos al mismo tiempo. La mirada propia revela al otro el alma, al tratar de descubrir el alma del otro».[110]

Esta capacidad humana de comunicarse sin pronunciar palabra, de emitir y deducir información no explícita, es denominado por los psicólogos proceso de inferencia o mecanismo inferencial. Nuestras neuronas espejo son proclives a activarse cuando observamos en el rostro del interlocutor una expresión de emoción. Si nos sonríe, solemos sonreír; si llora, podemos acabar llorando. Esta reacción es mucho más potente en la infancia, pero perdura con mayor o menor intensidad durante toda nuestra vida. Desde la edad más temprana recibimos un influjo emocional a través de los rostros de quienes nos rodean, especialmente de nuestros padres. Además, si los padres no conversan con sus hijos, estos no solo acumularán un déficit en el lenguaje, sino también en sus habilidades interpersonales.

La conversación personal es la mejor manera de crear vínculos afectivos porque mirándonos a los ojos, escuchando con atención y comprendiendo, desarrollamos la capacidad de empatía. El neurocientífico cognitivo Atsushi Senju advirtió en sus estudios la importancia del contacto visual como conexión humana. «En cuanto se ha cruzado la mirada, se hace posible un modo más rico de comunicación. El contacto visual amplifica nuestra capacidad de computar todas las señales y nos permite

---

109 SIMMEL, Georg. *Sociología. Estudios sobre las formas de socialización.* Buenos Aires, 1939, p. 239.

110 *Ibidem.*

saber lo que pasa en el cerebro de otra persona».[111] Y el psicólogo Albert Mehrabian estableció «la norma del siete por ciento, el treinta y ocho por ciento y el cincuenta y cinco por ciento», según la cual durante una conversación cara a cara expresamos el 7 % de nuestros sentimientos mediante las palabras, el 38 % a través del tono de voz y el 55 % por el lenguaje corporal. Es decir, la comunicación referida a sentimientos o actitudes (no a datos) es un 93 % no verbal.[112]

Además, según estudios realizados durante las dos últimas décadas acerca de la *magnetorrecepción* o capacidad de percibir campos magnéticos, podemos captar la energía que desprenden otras personas cuando están a menos de tres metros de distancia. Los átomos y electrones que forman nuestro cuerpo producen unas ondas de energía cuyo campo magnético puede interactuar con el de otra persona próxima. «Mi energía se solapa con la tuya cuando estamos cerca. Y tu energía se solapa con la mía. Es decir, nos transformamos, nos moldeamos de distinta manera solo por el hecho de estar juntos. Esa es la razón por la que hay personas que te transmiten buena energía y con las que, después de estar con ellas, te sientes con las pilas más cargadas. Y en cambio hay gente con la que pasa todo lo contrario, que es como si te chuparan la energía. Esto ocurre porque interactuar con otras personas hace que intercambiemos energía. Al estar cerca de alguien percibimos su energía y esta nos da información».[113]

A mayor abundamiento, la conversación presencial permite la posibilidad de contacto físico, aunque sea leve. Como decíamos más arriba cuando hablábamos de la lectura, nuestros sentidos están interconectados gracias a la capacidad combinatoria

---

111 Citado por Sherry Turkle, op. cit., p. 199.

112 MEHRABIAN, Albert. *Silent Messages: Implicit Communication of Emotions and Attitudes.* Belmont, 1980.

113 IBÁÑEZ, Ana, *op. cit.*, pp. 28-29.

de las áreas prefrontales de nuestro cerebro. De manera que, «si al decirlo algo a alguien, coge su mano, lo dotará de una intensidad que no alcanzará solo con palabras: pruébelo».[114]

A pesar de ello, la mayoría de los jóvenes y también cada vez más adultos evitan la comunicación oral, prefiriendo el mensaje de texto, en el que se puede redescribir y perfeccionar lo que se dice, sin improvisaciones, sin riesgo apenas a enfrentarnos con lo inesperado y lo espontáneo. La conversación telefónica les parece una intromisión en su intimidad y les genera cierta angustia por la espontaneidad de lo que se dice, y la conversación cara a cara es para ellos una manera innecesaria de exponerse a la imperfección, a la pérdida de control, al aburrimiento. Los más jóvenes, los que han crecido utilizando sus móviles para comunicarse mediante mensajes de texto (denominados *generación muda*)[115] no alcanzan a comprender lo que pierden desistiendo de la conversación cara a cara (empatía, creatividad, espontaneidad) porque no la han practicado o lo han hecho muy poco; los

---

114 Sebastià Serrano, art. cit.

115 Según un estudio («Generation Mute» Millennials Phone Call Statistics, publicado por la organización Bank my Cell), un 50 % de los jóvenes estadounidenses nacidos entre 1981 y 1996 reconoce que son las llamadas telefónicas de sus familiares las que más evitan. Un 81 % de los 1200 encuestados dice que llamar por teléfono les produce ansiedad porque les impide preparar el mensaje como les gustaría. Esto es así porque están acostumbrados a la comunicación asíncrona o diferida a través de las mensajerías digitales de voz o de texto. Consideran que llamar es presuntuoso porque se da por sentado que las propias necesidades son tan importantes como para interrumpir al otro. Una llamada telefónica, además, exige plena atención, requiere tiempo y, según donde estés, puedes carecer de privacidad y ser oído por quienes te rodean. En España, un estudio de Sociedad Digital (Telefónica) realizado en 2018, señalaba que un 96,8 % de los jóvenes entre 14 y 24 años utilizaba WhatsApp para comunicarse con familiares y amigos. Y es que, según Body of Euroean Regulators for Electronic Communications (BEREC), España es el país europeo donde más se utilizan WhatsApp e Instagram. DALLO, Eva. «La "generación muda". Jóvenes que ya no hablan por teléfono porque "me van a tener media hora contándome penas"». *El Mundo*, 29-12-2022, https://www.elmundo.es/yodona/actualidad/2022/12/29/6399c72c21efa054748b459f.html

adultos, sin embargo, sí que lo comprenden, pero no les importa porque prefieren la rapidez, el control y la intimidad, sin darse cuenta de que pierden calidad humana. Una disculpa escrita, por ejemplo, no tiene la misma carga empática que una disculpa oral pronunciada cara a cara, porque el contacto visual, el mirarnos a los ojos, es la más poderosa de las conexiones humanas.[116]

Tal es el extremo al que se ha llegado en la fagocitación de la conversación por parte de la tecnología, que se ha evolucionado en los modales más básicos de la buena educación, aceptando como normal conversar con el móvil en la mano o sobre la mesa, interrumpiendo incluso la conversación no ya para atender una llamada, sino para leer y contestar mensajes carentes de urgencia. Cuando se les explica que resulta tan incómodo para el interlocutor esa actitud como la que podría sentir si pretendiéramos mantener una conversación con el periódico abierto y leyéndolo, los jóvenes se asombran y los adultos, algunos, se ruborizan. Cuando conversas con estas personas asumes que no te van a prestar toda su atención y, a veces, ninguna.

> Es inabarcable lo que en el transcurso de una sola hora pasa por el rostro de un hombre. Si a uno le estuviese dado el tiempo necesario para contemplar con más detenimiento todos los impulsos y estados de ánimo que se deslizan por un rostro, se sorprendería de los incontables amagos de metamorfosis que allí se podría reconocer y seleccionar.[117]

---

116 Clifford Nass, psicólogo cognitivo y profesor de comunicación de la Universidad de Stanford comparó las partes del cerebro que procesan la emoción con un músculo: pueden atrofiarse si no se ejercitan y también fortalecerse a través de la conversación cara a cara. Citado por Sherry Turkle, op. cit., p. 58. La emoción es un estado de ánimo breve e intenso, producido inconscientemente y que provoca alteraciones físicas más o menos perceptibles, mientras que el sentimiento es un estado de ánimo más duradero, que no tiene síntomas orgánicos y que puede ser regulado por el pensamiento y, por tanto, es consciente. La emoción puede convertirse en sentimiento cuando tomamos conciencia de ella.

117 CANETTI, Elías. *Masa y poder.* Madrid, 1982.

Empatía y amistad

La empatía, el sentimiento de identificación con alguien, es uno de los valores más fundamentales del ser humano; y sin embargo está cayendo en desuso paulatinamente a causa de la cada vez más extendida comunicación digital en detrimento de la presencial, y de la gran cantidad de información procedente de todas partes del mundo que recibimos a diario y a intervalos breves, que nos abruman hasta el extremo de rozar la resignación, cuando no la indiferencia.

> [...] no es sorprendente que durante los últimos veinte años hayamos presenciado un declive de un cuarenta por ciento en los marcadores de empatía entre los estudiantes universitarios, un descenso que principalmente se ha producido en los últimos diez años.[118]

La conversación cara a cara, como ha quedado dicho, ayuda a recuperar este sentimiento tan humano y valioso.

El sentimiento empático puede desarrollarse en ocasiones hasta suponer una oferta permanente de compañía y compromiso, alcanzándose entonces la amistad, un estadio superior en las relaciones personales.

Para el autodidacta, que busca la formación personal en la conversación, cuando el interlocutor es un amigo, la comunicación sube de asertividad y de sinceridad, convirtiéndose además en un placer.

Reza una célebre paremia que quien tiene un amigo tiene un tesoro. Pero el ensalzamiento de la amistad ya se encuentra en libros antiguos, como el Viejo Testamento («Quien es amigo verdadero lo es en todo tiempo»,[119] «hay amigos más fieles

---

118 TURKLE, Sherry, op. cit., p. 35.

119 *Proverbios*, XVII:17. En *La Sagrada Biblia*. Editorial Sopena Argentina, 1959.

que un hermano»,[120] «quien no tiene compasión de su amigo, abandona el santo temor de Dios»[121]).

El afecto personal y desinteresado compartido con otra persona nace con el trato y se desarrolla y fortalece gracias a la conversación.

El escritor y filósofo estadounidense Henry David Thoreau, autor entre otras obras de *La desobediencia civil* y *Cartas a un buscador de sí mismo*, definió al amigo como aquel que «me acepta tal y como soy»; y para el ya mencionado Csíkszentmihályi el auténtico amigo «es alguien con quien podemos enfadarnos de vez en cuando, alguien que no espera que siempre hagamos lo mismo. Es alguien que comparte nuestro objetivo de realizarnos y que, por lo tanto, está dispuesto a compartir los riesgos que conlleva cualquier aumento de la complejidad».[122]

Efectivamente los amigos pueden y deben discutir, cuestionando las opiniones del otro, criticándose inclusive, pero en la intimidad. Así lo advirtió Da Vinci: «Reprende al amigo en secreto y alábalo en público».[123]

Eutrapelia

Procedente de un vocablo griego que significaba «broma amable», eutrapelia puede definirse como «jocosidad inofensiva».

Eutrapelia es una virtud olvidada pero que merece la pena recuperar, ya que nos sitúa en el justo medio entre el exceso de la seriedad y la relajación lúdica.

Aristóteles trató de la eutrapelia en su *Ética a Nicómaco* y santo Tomás de Aquino la retomó y la analizó en la *Summa Teológica*. Para el primero, la eutrapelia debía regir las relaciones

---

120 *Ibidem*, XVIII:24.

121 *Job*, VI:14.

122 CSÍKSZENTMIHÁLYI, Mihály, op. cit., p. 189.

123 DA VINCI, Leonardo. *Escritos literários y filosóficos*. Aguilar. Madrid, 1930.

de amistad y afabilidad, y definió al *hombre eutrapélico* como aquel que tiene gusto por el humor moderado. El segundo tradujo el griego εὐτραπελία por «buen humor» y llamó *eutrapelus* al que posee la virtud de la eutrapelia.

Un giro eutrapélico durante la conversación sirve para dar un cambio de orientación inesperado y alegre a la misma. No es un chiste propiamente dicho, sino una ocurrencia ingeniosa, culta a veces, que aligera una situación demasiado tensa o simplemente añade un apunte simpático. Naturalmente, no conviene abusar de estos giros eutrapélicos, por muy divertidos u ocurrentes que sean.

Dialéctica y tertulia

En Estados Unidos llevan décadas enseñando a los estudiantes el arte de dialogar, argumentar y discutir en los institutos y en las universidades, donde además se está tratando de incluir la conversación en los planes de estudios.[124] En España hace poco que han empezado a impartirse cursos de dialéctica y debate, al margen hasta ahora de la enseñanza reglada.

Según el estudio del Observatorio Social de la Fundación La Caixa *La información en comunicación oral sigue siendo una asignatura pendiente entre los estudiantes universitarios* (primer diagnóstico sobre el nivel de oratoria en España), el 93 % de los 2.400 encuestados cree que la comunicación oral debería ser obligatoria a lo largo de su etapa educativa, pero el 77,5 % dice no haber recibido nunca formación en comunicación oral en ninguna de sus etapas educativas.[125]

---

124 *Cf.* «The Unviersity: The Social Emotional Well-Being of College Students». Aspen Ideas Festival, July, 1, 2014. https://www.aspenpublicradio.org/show/aspen-ideas-festival

125 GIOVIO, Eleonora. «Desnudos al hablar en público: "Nadie te enseña oratoria, te genera inseguridad y sudores fríos"». *El País,* 28-8-2024.

Unamuno en una tertulia en el café La Rotonda de París, 1924 (Gredos. Univ. Salamanca).

El estudiante de dialéctica debe aprender a atacar y defender puntos de vista opuestos en una controversia.

El autodidacta debe estar dispuesto a discutir en defensa de sus opiniones, pero sin llegar a convertirse en un polemista, aunque personalmente he de reconocer que algunas veces, cuando intervengo en una conversación en la que mi interlocutor o interlocutores se manifiestan con una seguridad absoluta y arrogante, tiendo a contradecirles o a cuestionar sus argumentos, aunque esté de acuerdo en general con ellos. Es mi respuesta innata a la soberbia, sin darme cuenta quizá de que yo mismo estoy cayendo en ella.

Algo de esto debió pasarle a Unamuno, ya que se dice que cuando llegaba a alguna de las tertulias a las que asistía, solía saludar diciendo: «No sé de qué se trata, pero me opongo». Y es que polemizar es divertido cuando se hace entre personas inteligentes, respetuosas y conocedoras de las reglas del juego.

La Real Academia dice que *tertulia* tiene un origen incierto y ofrece seis acepciones, la primera de las cuales es «reunión de personas que se juntan habitualmente para conversar sobre algún tema», si bien la más antigua es la de «en los antiguos teatros de España, corredor en la parte más alta», un significado que aún está en vigor en Cuba: «conjunto de localidades situadas en el piso alto de un cine o teatro». También apunta el diccionario académico la locución verbal y coloquial *estar de tertulia* como sinónimo de *conversar.* Por su parte, Corominas aventura que «se diera el nombre de *tertulianos* a los espectadores más cultos, por la extendida costumbre de citar a Tertuliano en los sermones y cenáculos del s. XVII, y que de ahí se extrajera *tertulia* como nombre de la parte del teatro donde se sentaban estos espectadores, o como nombre de los cenáculos más o menos eruditos».[126]

Sea cual fuere el origen etimológico de la tertulia, es evidente que cuenta con las mismas virtudes que hemos señalado para la conversación y, si además no se trata de una reunión exclusivista, favorece el reconocimiento cultural de los tertulianos, al margen de las distinciones marcadas por la cultura académica.

Las tertulias dialógicas son las herederas de los banquetes griegos en los que un grupo de amigos o conocidos se reunían para comer y conversar. Y, como en aquellos banquetes, en las tertulias actuales es habitual beber, y no solo café. Como es bien sabido las consecuencias que puede acarrear el abuso del alcohol en las discusiones, conviene tener en cuenta hogaño las mismas o parecidas reglas que al respecto tenían los helenos en sus banquetes y que copiaron los romanos.

Bebe o vete

Afirmaba Marco Terencio Varrón en una de sus sátiras menipeas que el número de comensales en un banquete dialógico debían ser, como mínimo, más que las Gracias (que eran tres) y

126 COROMINAS, Joan y PASCUAL José A. *Diccionario crítico etimológico castellano e hispánico, vol. V,* 4.ª ed., p. 474. Madrid, 2001.

máximo como el número de las Musas (nueve). En *El banquete* de Platón, son siete.

Después de la cena comenzaba para los convidados griegos el simposio (la *comissatio* para los romanos), en el que se bebía y se conversaba.

> El placer de los banquetes no debe medirse por la voluptuosidad de los manjares, sino por la compañía de los amigos y por sus discursos.[127]

El anfitrión o el invitado que mejor aguantaba el alcohol era elegido *simposiarca*, encargado de dirigir la reunión y controlar el consumo del vino. Era importante esta figura porque el vino, aunque aguado, se bebía en tal cantidad que los invitados solían terminar beodos. Por eso había una máxima a la hora de pasar al simposio: bebe o retírate. De manera que todos los que participaban en el simposio bebían alcohol y, efectivamente, lo hacían tanto que había en las casas más ricas un encargado de recordar el nombre de los invitados, el nomenclátor.

La razón por la que no se admitían a los abstemios era porque estos se hallaban en situación de ventaja con respecto a los demás. Al emborracharse podían pronunciarse frases que convenía no recordar al día siguiente. De hecho, era de muy mala educación burlarse o recordar lo que alguien había dicho durante un simposio; podía acarrearle el desprecio social.

> Odio al compañero de bebida que no olvida nunca, dice el proverbio griego. Las locuras de la última juerga deben enterrarse en eterno olvido para así dar amplio lugar a las locuras de la próxima.[128]

---

127 CICERÓN, Marco Tulio. *Cato maior seu de senectute*. Madrid, 1944.

128 HUME, David. *Investigación sobre los principios de la moral*. Madrid, 2006.

Para mi infortunio, no empecé a disfrutar de conversaciones profundas con asiduidad hasta la treintena. Por supuesto dialogaba intensamente con familiares y algunos amigos en mi casa y en el lugar de trabajo, pero raramente encontraba el momento y el interlocutor con quien contrastar opiniones y de quien aprender nuevos puntos de vista valiosos. Mis compañeros hablaban de fútbol y de mujeres, la mayoría de mis amigos no compartía conmigo mis principales aficiones y mis hijos eran pequeños. Solo mi esposa disfrutaba a veces con mi conversación y soportaba con amabilidad muchas otras veces mis elucubraciones.

Todo cambió cuando entré en política. Tratar con gente a la que no conocía, compañeros de partido o no, me sirvió para depurar mis habilidades de conversación, comprensión, análisis y negociación. Fueron muchas las personas a las que traté durante aquellos años, pero muy pocas con las que disfrutaba conversando. Con estas últimas mantuve la relación personal después de dejar la política, trabando una amistad que perdura desde hace casi cuarenta años. Algunos eran políticos (de mi partido y de otros) y solo uno era periodista. Este último y uno de mis adversarios políticos, ahora amigo entrañable, son mis contertulios desde hace más de treinta años. Comemos juntos al menos una vez al mes y, en ocasiones, invitamos a alguien para que participe en la larga sobremesa. También me reúno con otros amigos con cierta frecuencia, pero es con mis contertulios con quienes sigo gozando de conversaciones siempre enriquecedoras. No oculto mi egoísmo cuando digo esto. Reconozco que intelectualmente soy yo quien más gana en esta relación, si bien quiero pensar que, además del cariño que me tienen, piensan que algo bueno aporto en nuestras tertulias, aunque solo sea el saber escuchar.

PENSAR

Pensar es «formar o combinar ideas o juicios en la mente» y «examinar mentalmente algo con atención para formar un juicio», y el pensamiento es la «acción y efecto de pensar», según el diccionario académico. Cuando varios pensamientos concatenados se enlazan y relacionan para ordenar ideas y exponer razones, decimos que razonamos. El razonamiento es, por tanto, la creación de una conclusión fundamentada en los pensamientos.

Pensar atenta y detenidamente sobre algo se llama meditar o reflexionar. Implica un esfuerzo interno para autorregular la mente. La meditación contribuye a la estabilidad emocional, «ayuda a enfrentarse mejor a una amplia gama de enfermedades crónicas, así como a situaciones estresantes. Por otra parte, aumenta los niveles de dopamina, lo que se asocia con sentimientos de bienestar y alegría. Y en el caso de personas mayores favorece la longevidad».[129]

«La meditación puede estar asociada con cambios estructurales en áreas del cerebro que son importantes para el procesamiento sensorial, cognitivo y emocional. Los datos sugieren además que la meditación puede afectar la disminución de la estructura cortical relacionada con la edad», según un estudio realizado empleando imágenes de resonancia magnética en Massachusetts.[130]

Concentración y divagación

Hay dos formas de pensar que conviene discernir, aunque ambas son necesarias y beneficiosas: la concentración y la

---

129 ROJAS MARCOS, Luis, op. cit., p. 173.

130 LAZAR, Sara W.; KERR, Catherine E.; Wasserman, Rachel H.; GRAY, Jeremy R.; GREVE, Douglas N.; TREADWAY, Michael T.; MCGARVEY, Metta; QUINN, Brian T.; DUSEK, Jeffery A.; BENSON, Herbert; RAUCH, Scott L.; MOORE, Christopher I.; y FISCHL, Bruce. «La experiencia de meditación se asocia con un aumento del grosor cortical». *NeuroReport*: https://journals.lww.com/neuroreport/abstract/2005/11280/meditation_experience_is_associated_with_increased.5.aspx / National Library of Medicine: https://www.ncbi.nlm.nih.gov/pmc/articles/PMC1361002/

divagación. Nuestro cerebro emplea en cada una diferentes frecuencias de ondas para la comunicación neuronal.[131]

Hasta los siete años nuestra capacidad de divagar es innata, impulsada por la curiosidad, en tanto la concentración empieza a madurar en nuestro cerebro a partir de esa edad. A partir de entonces ambas formas de pensar se alternarán en nuestra mente.

La concentración sirve para enfocar o dirigir la atención hacia un asunto con intención de analizarlo y, si se trata de un problema, resolverlo. En este estado nuestro cerebro, concretamente el córtex prefrontal izquierdo, produce ondas *beta*. Si bien son las más frecuentes y las emitimos de manera inconsciente, podemos favorecer su aparición y desarrollo con sencillos ejercicios de control de la respiración.

La divagación se produce en estados de relajación, cuando predominan en nuestro cerebro las ondas *alpha* o *theta*. Las primeras se originan en el lóbulo occipital, generan calma, se enlentecen con los ojos cerrados y favorece el aprendizaje porque sirve de puente para cruzar del consciente al inconsciente, y viceversa. Las ondas *theta* se generan tras la interacción entre los lóbulos temporal y frontal, provocan un estado de calma profunda, una especie de duermevela que puede conducir al sueño ligero, pero que si permanecemos despiertos favorece la inmersión en los recuerdos y las fantasías, conectando con nuestro inconsciente, del que recibimos información que nos puede servir de fuente de creatividad. No resulta fácil alcanzar

---

131 Según su rango de frecuencia, medida por hercios (Hz) o ciclos por segundo, hay cinco tipos de ondas cerebrales con las que se comunican las cien mil millones de neuronas que contiene aproximadamente el cerebro humano: *Delta* (entre 1 y 3 Hz), asociadas con el sueño profundo; *Theta* (entre 3,5 y 8 Hz), relacionadas con la relajación profunda y el sueño REM; *Alpha* (entre 8 y 12 Hz), cuando se siente calma y tranquilidad en estado de vigilia; *Beta* (entre 12 y 30 Hz), presentes cuando estamos atentos y concentrados; *Gamma* (superiores a 30 Hz), aparecen en momentos estresantes o de intensísima concentración.

voluntariamente este estado de dominio de las ondas *theta*, aunque puede conseguirse con meditaciones profundas y entrenamientos cerebrales específicos.

Divagar sirve para conocernos mejor a nosotros mismos, aumenta nuestra capacidad de introspección y fortalece nuestra autoestima. Quienes tienen miedo a sus pensamientos, a dejarlos fluir libremente, pierden confianza en sí mismos y se muestran dubitativos y vulnerables ante los demás. Y es que «las personas se sienten incómodas si se las deja a solas con sus pensamientos [...], parece que les entra el pánico y sacan inmediatamente sus teléfonos móviles».[132]

> Nada seca tanto la inteligencia como la repugnancia a concebir ideas oscuras.[133]

> Los hombres temen al pensamiento más que a ninguna otra cosa del mundo, más que a la ruina, más incluso que a la muerte. El pensamiento es subversivo y revolucionario, destructor y terrible, no tiene piedad con los privilegios, las instituciones establecidas y los hábitos cómodos. El pensamiento es anárquico y sin ley, indiferente a la autoridad, y no le importa la bien probada sabiduría acumulada por los siglos. El pensamiento mira al abismo del infierno y no tiene miedo [...]. El pensamiento es grande, rápido y libre, la luz del mundo y la principal gloria del hombre. Mas para que el pensamiento llegue a ser la posesión de muchos y no el privilegio de unos pocos, debemos acabar con el temor. Es el temor lo que retiene a los hombres, el temor a que sus entrañables creencias se revelen ilusorias, a que las instituciones que rigen sus vidas resulten nocivas, a que ellos mismos se muestren menos dignos de respeto de lo que han creído ser.[134]

---

132 TURKLE, Sherry, op. cit., p. 23.

133 CIORAN, E.M. *Silogismos de la amargura*. Barcelona, 1986.

134 Bertrand Russell. Citado por Al Seckel en la introducción de *Sobre Dios y la religión*. Madrid, 1992.

Divagar es la alternativa más práctica e inteligente al aburrimiento. Podemos aceptar el tedio como una invitación al aprendizaje de algo nuevo, buscando en nuestro interior hasta descubrir una nueva idea que solo emergerá hablando o escribiendo.[135] El aburrimiento es la chispa que enciende la imaginación y divagar mentalmente puede sorprendernos con el descubrimiento inesperado de una gran idea, es lo que Turkle denomina serendipia intelectual.[136]

El pensador (Auguste Rodin).

135 *Cf.* VON KLEIST, Heinrich. *Sobre la elaboración paulatina de pensamientos al hablar.* https://literaturaalemanaunlp.files.wordpress.com/2011/05/kleist-heinrich-von-narraciones.pdf

136 TURKLE, Sherry, op. cit., pp. 279-280.

«Para ir del problema a la solución, el camino más directo es divagar», decía Moshe Bar, neurocientífico y director del centro de investigación cerebral Bar-Ilan de Tel Aviv en una entrevista publicada por *La Vanguardia.*

Autor de *Divagando: virtudes de la deriva mental,*[137] Bar afirma que «nuestro cerebro jamás descansa y la mitad de nuestra vida no está pensando en lo que vivimos aquí y ahora, sino divagando». Divagar es todo lo contrario de perder el tiempo, si bien es cierto que «hay una divagación negativa que nos lleva a caer en cavilaciones cerradas en círculo que nos conducen al estrés y a la depresión». «La divagación positiva, en cambio, es extensa, rápida y de largo alcance; permite aprender de experiencias tan solo imaginadas y puede conducir a momentos eureka». Se caracteriza esta divagación positiva en que «especula con el futuro: planifica y simula situaciones», del mismo modo que analiza el pasado. Porque el cerebro «siempre está en tensión entre explorar lo desconocido y explotar lo ya sabido. Es limitado en capacidad, pero podemos aprender de forma ilimitada a gestionarlo». «Hemos demostrado en el laboratorio que la divagación es tan necesaria como la concentración».[138]

La concentración, sobre todo si es profunda, requiere un gran esfuerzo y gasto energético, por lo que es necesario para nuestro cerebro descansar con cierta frecuencia. Para ello, debe dejar de producir ondas *beta* y pasar a las *alpha* con intención de relajarse. En caso contrario, puede superar la frecuencia de 30 hercios, convirtiendo las *beta* en *gamma* y estresarse.

Ambas formas de pensar, pues, son valiosas. La divagación nos permite conectar con nuestro inconsciente y nuestra

---

137 BAR, Moshe. *Divagando: virtudes de la deriva mental.* Barcelona, 2022.

138 AMIGUET, Lluís. «Para ir del problema a la solución, el camino más directo es divagar». *La Vanguardia,* 14 diciembre 2022. https://www.lavanguardia.com/lacontra/20221214/8643882/problema-solucion-camino-mas-directo-divagar.html

intuición, favoreciendo la creatividad. La concentración nos sirve para examinar y aprovechar las ideas concebidas.

Aunque lo ideal para reflexionar concentrado o divagando es estar solo, no hace falta sin embargo que forzosamente busquemos la soledad. También se puede estar solo, reunido con uno mismo, retirándose consciente e íntimamente, aunque estemos acompañados, siempre y cuando no nos distraigamos con el entorno. Aunque nuestro cerebro recibe del orden de once millones de bits de información por segundo en forma de estímulos sensoriales, podemos aislarnos mentalmente. Es cuestión de práctica y de estar cómodo con uno mismo.

No conviene confundir estar solo con la navegación por internet; no solo no es lo mismo, sino que además supone un gran inconveniente para la concentración interna y la reflexión. Muchas personas, sobre todo adultas, se pasan el tiempo navegando al azar por internet porque entregarse al aburrimiento, a soñar despierto, les genera ansiedad.

> Han aprendido a hablar a los demás, no a sí mismos.[139]

Soledad

Nos referimos aquí a la carencia voluntaria de compañía, no a la involuntaria. La primera es constructiva y feliz, en tanto la involuntaria es dolorosa emocionalmente, sinónima de aislamiento. Hannah Arendt estableció la distinción entre aislamiento (una forma de desarraigo y desolación) y soledad (baluarte contra el aislamiento).[140] Esta soledad deliberada proviene a menudo de una exigencia de higiene mental. «La soledad es tan necesaria a

---

139 CICERÓN, Marco Tulio. *Disputaciones tusculanas.* Madrid, 2005.

140 PORCEL, Beatriz. *Aislamiento, soledad, solitud: Hannah Arendt y las formas de no estar con otros.* https://periodicos.ufpi.br/index.php/ca/article/view/2171

la sociedad como el silencio al lenguaje, el aire a los pulmones y el alimento al cuerpo», escribió Olivier Remaud.[141]

Hace tiempo que la psicología comprendió la importancia de la soledad. Ahora también lo hace la neurociencia. «Únicamente cuando estamos a solas con nuestros pensamientos —cuando no reaccionamos a estímulos externos— activamos la parte de la infraestructura básica del cerebro dedicada a construir un sentido estable de nuestro pasado autobiográfico. Esta parte se llama "red neuronal por defecto"».[142]

La red neuronal por defecto (RND) es un conjunto de regiones cerebrales que se activan cuando la mente está en reposo y que se desactivan cuando realizamos tareas que requieren atención.[143]

---

141 REMAUD, Olivier. *Soledad voluntaria*. Trad. Marta Cabanillas. Madrid, 2022.

142 TURKLE, Sherry, op. cit., p. 79.

143 «La red neuronal por defecto está activa cuando los individuos participan en tareas centradas en ellos mismos como la recuperación de recuerdos autobiográficos, la visualización del futuro o la concepción de la perspectiva de otras personas». También puede haber relación entre las alteraciones en la RND y los trastornos del espectro autista. BUCKNER, Randy L., ANDREWS-HANNA, Jessica R. y SCHACTER, Daniel L. «La red predeterminada del cerebro: anatomía, función y relevancia para la enfermedad». Revista *Annals of the New York Academy of Sciences* n.º 1124. Nueva York, 2008. National Library of Medicine: https://pubmed.ncbi.nlm.nih.gov/18400922/ / The New York Academy of Sciences: https://nyaspubs.onlinelibrary.wiley.com/doi/10.1196/annals.1440.011

«La RND demuestra que el cerebro no se encuentra al ralentí cuando no interviene en actividades conscientes. Probablemente, emite señales de sincronización para coordinar la actividad entre esas regiones, lo que aseguraría que las mismas se hallen listas para reaccionar de forma concertada ante los estímulos.

»Históricamente, la comprensión del cerebro llevaba aparejada la idea de que la mayoría de sus regiones permanecían bastante tranquilas hasta que se las requería para iniciar alguna tarea específica. Las investigaciones recientes han puesto de manifiesto que el desarrollo de una tarea concreta implica un aumento del consumo energético del cerebro que supone menos del 5 % de la actividad basal subyacente; por el contrario, la mayor parte de la actividad global (entre el 60 y el 80 % de toda la energía que utiliza el cerebro) se despliega en circuitos que no tienen relación alguna con acontecimientos externos.

Cuando liberamos a nuestro cerebro y dejamos que nuestra mente vague abiertamente a través de nuestra RND y sin exigirle una reacción determinada, nos volvemos más creativos porque damos alas a la imaginación.

> Cuando soy, por así decirlo, yo mismo por completo, cuando estoy totalmente solo y de buen humor, por ejemplo, cuando viajo en un carruaje o doy un paseo tras una buena comida o por la noche, cuando no puedo dormir—, es cuando mis ideas fluyen mejor y de forma más abundante.[144]

Hay actividades que ayudan a pensar. Acaso la más conocida es la de caminar debido a la célebre escuela peripatética de Aristóteles. Según un estudio de la Universidad de Stanford publicado en 2014, un paseo ayuda a llevar a cabo tareas que exigen creatividad porque cuando caminamos de forma habitual se crean nuevas conexiones neuronales. Hay también otras actividades rutinarias que permiten dejar la mente libre para pensar, como lavar, coser, cocinar o planchar.

»Tras conocerse la posibilidad de una *vida interna* del cerebro, a mediados de los noventa se descubrió que cuando los sujetos realizan alguna tarea, ciertas regiones del cerebro experimentaban una disminución de su nivel de actividad, si se compara con el estado basal de reposo. Tales áreas (una parte de la corteza parietal medial y la corteza prefrontal medial), consideradas las "centralitas principales" de la RND, experimentan esa caída cuando otras áreas se ven implicadas en la ejecución de una tarea determinada.

»Cabe la posibilidad de que la RND organice el modo en que el cerebro organiza los recuerdos y diversos sistemas que necesitan cierta preparación ante futuros sucesos. Por lo demás, si la RND prepara al cerebro para la actividad consciente, las investigaciones sobre su comportamiento pueden revelar las claves para comprender la naturaleza de la experiencia consciente. Igualmente, las alteraciones de la RND podrían ser la causa subyacente de errores mentales, tanto los más sencillos como los más complejos, desde la enfermedad de Alzheimer a la depresión». https://es.wikipedia.org/wiki/Red_neuronal_por_defecto

144 Wolfgang Amadeus Mozart. Citado por Sherry Turkle, op. cit., p. 85.

Imaginación

Representar en la mente imágenes reales o ficticias es un proceso de información que circula desde el lóbulo parietal del cerebro al occipital, al revés de como pensamos ante la realidad que presentan nuestros sentidos. Es decir, el cerebro invierte su funcionamiento, sin percibir que se trata de una fantasía, sin diferenciar por tanto lo imaginado de lo real, y el cuerpo reacciona en consecuencia. Así, al visualizar una escena erótica se producen cambios fisiológicos en el aparato genital y si se visualiza un ejercicio físico, los músculos se tensan y se incrementa el ritmo cardíaco.[145]

Esta fuerza de la imaginación para engañar al cerebro es utilizada como técnica terapéutica psicológica.[146]

Introspección y lenguaje privado

La introspección consiste en examinar nuestros sentimientos y pensamientos, en observarnos a nosotros mismos, a conocernos mejor, a ejercer autocrítica, a corregirnos. Etimológicamente procede del latín *introspicĕre* «mirar adentro», por lo que el diccionario académico define la introspección como «mirada interior que se dirige a los propios actos o estados de ánimo».

En el ejercicio de la introspección hablamos con nosotros mismos, activándose una zona del cerebro de la que ya hemos hablado, el estriado, implicada en la generación de sensaciones de recompensa. A veces, lo hacemos pronunciando palabras, en un lenguaje privado que casi siempre pasa inadvertido para

145 *Cf.* «Cómo se modifica el cerebro con la imaginación». NeuroDoza: https://neurodoza.com/como-se-modifica-el-cerebro-con-la-imaginacion/

146 *Cf.* RABBANI, Rosa. «Visualizaciones: cómo usar la imaginación a nuestro favor». Cuerpomente: https://www.cuerpomente.com/psicologia/cerebro/visualizaciones-como-usar-imaginacion-nuestro-favor_1211

los demás. Son los soliloquios con los que dialogamos con nosotros mismos, cuestionándonos, juzgándonos, animándonos, consolándonos, etcétera.

Estos soliloquios nos sirven, cuando somos niños, para desarrollar nuestra imaginación, el lenguaje y la expresión de nuestros pensamientos.[147]

En contra de lo que cabría pensar debido al desconocimiento que ha habido siempre sobre este asunto, según un estudio reciente solo el 0,8 % de las personas carecen de una voz interior con la que dialogan, un fenómeno conocido como *anauralia*. Para la mayoría el habla interna es una presencia tan constante y familiar como los latidos del corazón. Esta voz interior puede ser deliberada o espontánea, generada en distintas áreas del cerebro, de tal manera que hay veces que nos hablamos y otras que nos escuchamos. «No es una experiencia constante, aparece en determinados momentos del día, frecuentemente por ejemplo en momentos de cierto estrés como para ayudar a afrontar momentos un poco más difíciles», explica el neurocientífico José Ramón Alonso. En base a sus estudios, la psicóloga polaca Małgorzata Puchalska-Wasyl, estableció cuatro tipos de interlocutores internos: amigo fiel, padre ambivalente, rival orgulloso y niño indefenso. A la mayoría nos encaja uno de estos perfiles, aunque puede ir cambiando según el momento.[148] «El habla interna no se rige por muchas de las normas del lenguaje verbal. Se genera mucho más rápido al no depender del ritmo necesario para emplear la lengua, los labios y la laringe. Según un estudio, el monólogo interior se produce a una velocidad media de 4000 palabras por minuto, 10 veces más

---

147 PINEDO, Carolina. «¿Por qué es bueno que tu hijo hable solo?». *El País*, 15-9-2024.

148 PEÑA, Adelaida de la. «No todo el mundo la tiene y suele adoptar cuatro arquetipos: cómo es la voz interior». *La Vanguardia*, 9 octubre 2023. https://www.lavanguardia.com/vivo/psicologia-salud-mental/20231009/9262370/pensar-voz-interior.html

rápido que el lenguaje hablado. Además, suele ser más conciso: no necesitamos formular oraciones completas al comunicarnos con nosotros mismos, ya que entendemos nuestra propia intención».[149]

Para el autodidacta este lenguaje privado, este soliloquiar incluso en voz alta es fundamental porque es una herramienta importante para la autoformación. Nadie nos conoce como nosotros mismos. Nadie conoce nuestras fuerzas y flaquezas mejor que nosotros. Nadie como nosotros para forjar y proteger nuestra autoestima.

Con el lenguaje privado nos desahogamos y mejoramos nuestro estado de ánimo, aunque sea pasajeramente.

Conociendo los efectos beneficiosos del lenguaje privado, no es conveniente reprimirlo en los niños, como tradicionalmente se ha venido haciendo. Tampoco debemos afeárselo a los adultos cuando lo hacen con discreción. «En nuestra cultura hablar a solas está estigmatizado con la marca de la rareza o incluso de la enajenación. No se puede olvidar que quienes sufren trastornos del pensamiento y oyen voces —alucinaciones auditivas—, a menudo pierden contacto con la realidad y se sumergen en conversaciones intensas en voz alta con personajes invisibles para los demás. Aunque en los últimos veinte años, gracias a la ubicuidad de los teléfonos móviles, se han hecho más naturales y aceptables las imágenes de personas conversando en voz alta con interlocutores invisibles», escribió el psiquiatra Rojas Marcos, practicante del soliloquio desde niño.[150]

A pesar de que a lo largo de nuestra vida nos pasamos mucho más tiempo hablando con nosotros mismos que con otros

---

149 SOUFI, Daniel. «El último gran misterio de la mente: ¿eres de los que escuchan una voz en su cabeza o de los que no?». *El País,* 13 octubre 2023. https://elpais.com/icon/2023-10-13/el-ultimo-gran-misterio-de-la-mente-eres-de-los-que-escuchan-una-voz-en-su-cabeza-o-de-los-que-no.html

150 ROJAS MARCOS, Luis, op. cit., p. 58.

y de que algunas de las conversaciones más importantes que jamás tendremos serán con nosotros mismos, no solemos dedicar tiempo a mejorar nuestro lenguaje interior. Es primordial cómo nos hablamos y qué nos decimos.

La tradición psicoanalítica, según Turkle, «nos enseña que la introspección puede ayudarnos a abrirnos camino entre la cacofonía de voces que hemos interiorizado hasta llegar a un lugar que nos parezca que es más auténticamente "nuestro". En ese lugar, podemos contemplar cómo nuestras historias nos han dado forma, pero también distanciarnos de ellas hasta un cierto punto».[151]

CONOCERSE A SÍ MISMO

El aforismo helenístico *conócete a ti mismo*, que hizo famoso Platón al ponerlo en boca de Sócrates, es, según el historiador y viajero Pausanias, el inicio de la inscripción grabada en el frontón del templo de Apolo en Delfos, que sigue diciendo *y conocerás el universo y a los dioses*. Es un precepto que estimula al conocimiento filosófico, psicológico y espiritual de uno mismo.

Más arriba hemos visto la importancia que tiene la introspección y el lenguaje privado (incluido el diario emocional) para el conocimiento de uno mismo, mejorar los propios comportamientos, reconocer nuestras limitaciones y relacionarnos con los demás con mayor seguridad. Averiguar cómo nos ven los otros puede resultar positivo, pero solo nosotros mismos podemos reconocer nuestras pasiones, comprender nuestras emociones y ordenar nuestras prioridades.

Descubrir algunos aspectos de nosotros mismos puede avergonzarnos e incluso asustarnos, pero son realidades que conviene conocer y, a ser posible, corregir. «Conocerse es

151 TURKLE, Sherry, op. cit., p. 100.

empezar a corregirse».[152] En esto último, en el tratar de corregirnos, es importante vincular nuestros comportamientos más negativos con las emociones que los provocan, de modo que podamos anticiparnos cambiando nuestra respuesta. «Es afortunado aquel cuyas circunstancias se ajustan a su carácter; pero es más excelente el que pueda adaptar su temperamento a las circunstancias».[153]

Es cierto que nuestro carácter viene predeterminado en parte por la genética y por la epigénesis (el lugar de nacimiento y la condición económica de nuestro entorno familiar), pero nuestro comportamiento también está configurado por nuestra voluntad y nuestras propias decisiones. Aunque nada podemos hacer para variar la influencia de los genes y nada o casi nada de la influencia epigenética recibida, ciertamente podemos moldear o modificar nuestro carácter conociéndonos bien y actuando en consecuencia.[154]

Somos consecuencia de todo cuanto hemos vivido, de la influencia que hemos recibido de otras personas, ya sea directamente o a través de sus obras, de nuestras acciones y experiencias (aciertos y errores), que nos han ido transformando, inexorable y casi siempre imperceptiblemente, conforme vivimos. No somos los mismos que éramos hace diez, veinte o cuarenta años, de la misma manera que no lo seremos dentro de cinco o diez años. La vida es un hacerse a sí mismo. De ahí la importancia de la introspección periódica si queremos seguir conociéndonos.

> Son muchos los que han pensado que el arrepentimiento pretende un imposible: borrar el pasado. *Quidquid feci adhuc infec-*

152 GRACIÁN, Baltasar. *Oráculo manual...*, op. cit.

153 HUME, David, op. cit.

154 *Cf.* GARCÍA-ALBI, I. e ISAMAT, M. *¿Por qué mi hijo se parece a su abuela?: Y otras cuestiones genéticas.* Barcelona, 2010.

tum ese mallem, exclama Séneca: quisiera no haber hecho lo que hice, quisiera que lo que hice no estuviese ahí ante mí, cuajado para siempre. Pero ya está inexorablemente hecho. Y lo de menos es el hecho como tal, el hecho exterior y, por tanto, separado ya de mí. Lo grave es que a través de cada uno de mis actos me he ido haciendo yo; de tal modo que ellos han dejado su huella impresa en mí, han modelado mi *êthos*, mi carácter. Por eso de nada serviría, suponiendo que fuera posible, revocar mis acciones pasadas, en virtud de una reversión, de una marcha atrás en la vida. Supongamos que, por un milagro, pudiésemos quedarnos, solamente, con las acciones de las que estamos satisfechos, y rechazar por infectas, por no hechas, aquellas otras de las que nos avergonzamos. ¿Habríamos ganado mucho con ello? No. Las acciones ya pasaron, tal vez no las recuerde nadie, casi ni yo mismo. Pero yo, después de cometerlas, y por el hecho de haberlas cometido, soy diferente del que era antes. Mientras no se borrase esa diferencia en mí mismo y no simplemente en los hechos, poco habría ganado.[155]

Autoestima

Alrededor de los siete años de edad, al mismo tiempo que empieza a desarrollarse en nuestro cerebro la capacidad para concentrarnos, se inicia también la disposición para pensar por nosotros mismos, poniendo en duda lo aprendido de los adultos. Esta comparación entre lo que sentimos y lo que hemos aprendido incide de manera determinante en la valoración que tenemos de nosotros mismos, o lo que es lo mismo, en la autoestima. Esta lucha por decidir si es más importante lo que piensas que lo que te enseñaron continuará durante los años de adolescencia y juventud.

155 ARANGUREN, J.L. *Ética de la felicidad y otros lenguajes.* Madrid, 1988.

Aprende y conviértete en quien eres.[156]

La autoestima es el coraje de ser uno mismo.[157]

Ya sabemos que el autoaprendizaje y la introspección fomentan la valoración saludable que tenemos de nosotros mismos. Conviene subrayar el adjetivo *saludable* para diferenciarlo de otro tipo de autoestima, la narcisista, que es negativa.

Las personas que tienen una autoestima saludable o positiva tienden a estar en general satisfechas con su vida, gozan de mejor salud y, por tanto, se acercan más a la felicidad. La autoestima sirve de escudo contra la envidia, los celos, la inseguridad, la subestimación y demás emociones que nos condenan a la infelicidad.

Cuando nuestro amor propio, el afán de mejorar como persona, no logra corregir algunos de los aspectos negativos de nuestro carácter, la autoaceptación (no la resignación) de cómo somos refuerza el autorrespeto, que implica aceptarse incondicionalmente. Al fin y al cabo, hay imperfecciones que pueden incluso ser aprovechadas si sabemos darles una utilidad adecuada, a la manera como el aguador indio supo sacar provecho del agua que perdía su vasija agrietada.[158]

Reconocer nuestros defectos y debilidades, vivir de acuerdo con nuestros valores y opiniones, al margen de la aprobación y juicios de los demás, es fundamental para disfrutar de una autoestima saludable.

---

156 NIETZSCHE, Friedrich. *Ecce homo.* Madrid, 1976.

157 Carl Rogers. Citado por IBÁÑEZ, Ana, op. cit., p. 271.

158 En este relato se cuenta la historia de un aguador indio que portaba a diario dos vasijas colgando desde los extremos de un palo que llevaba encima de sus hombros. Al regresar a casa desde la fuente, una de las vasijas perdía la mitad del agua a través de sus grietas, lo que la avergonzaba profundamente. El aguador la consoló mostrándole las bellas flores que crecían a la orilla del camino, gracias al agua que ella perdía en el transcurso de vuelta a la casa.

Cuando nos respetamos a nosotros mismos tal como somos es más fácil respetar a los demás, y el respeto conlleva comprensión y tolerancia. Flavio Arriano, alumno del estoico Epicteto, escribió en el siglo II de nuestra era:

> Acusar a los demás de las desgracias propias es una consecuencia de nuestra ignorancia; acusarse a sí mismo es comenzar a comprender; no acusar a los demás ni a nosotros mismos es la verdadera sabiduría.[159]

ARTE

Después de treinta y nueve años trabajando como profesora de Arte en educación básica y luego en educación superior, María das Vitórias Negreiros do Amaral, de la Universidad Federal de Pernambuco, ha investigado la autoeducación artística como modelo para tomar conciencia de uno mismo y de relación con los demás. Parte del resultado de su investigación lo publicó en un artículo en 2017 en una revista parisina y en 2021 publicó otro en el que comentaba sus estudios sobre los años de pandemia. Es el último trabajo editado acerca de las ventajas del estudio y la práctica del arte en el autodidactismo.[160]

Conocer el arte es un proceso interminable debido a la variedad artística que existe, ya que una obra suele guiarte inevitablemente a otra.

Para el autodidacta, resulta esta herramienta relativamente fácil y agradable de utilizar para su autoformación porque generalmente es un placer contemplar y descubrir obras

---

159 ARRIANO, Lucio Flavio. *Equiridion, o manual de Epicteto.* CreateSpace Independent Publishing Platform, 2013.

160 NEGREIROS DO AMARAL, Maria das Vitórias. «Arte (auto)educación para la conciencia de uno mismo y del otro». *Communiars. Revista de Imagen, Artes y Educación Crítica y Social*, n.º 5, 2021. Universidad de Sevilla.

artísticas, al margen de la opinión de los críticos.[161] No cuesta mucho hacerse un juicio personal de qué obra nos gusta, valorándolo según nuestro criterio personal.

La inmensa mayoría de las obras artísticas son producto de la imitación, ya sea por la influencia de obras anteriores o de la propia naturaleza; pero no por eso pierden valor. «Casi todas las obras se componen de destellos de imitación, estremecimientos aprendidos y éxtasis robados».[162]

Algo que aprendí muy pronto del mundo del arte como autodidacta fue admirar las obras sin tener en cuenta al autor. No es recomendable algunas veces recordar cómo era o es la persona que ha creado la obra de la que estás disfrutando. Recuerdo que, después de leer ciertas biografías, me daba rabia reconocer lo mucho que me emocionaban algunas obras realizadas por personas miserables. Lo superé con la voluntad de mantener bien separada la opinión que tenía del personaje en cuestión de la de sus obras.

> Los buenos artistas existen simplemente en su producción, y por consecuencia resultan completamente faltos de interés en sí mismos.[163]

> Una cosa soy yo, otra cosa son mis escritos.[164]

¿A qué nos referimos aquí por arte?

El diccionario académico define el arte en su segunda entrada como la «manifestación de la actividad humana mediante la cual se interpreta lo real o se plasma lo imaginado con recursos

161 «¿Quién es el crítico más severo? Un aficionado fracasado.» Goethe. *Reclamaciones en rima proverbial.*

162 CIORAN, E.M., op. cit.

163 WILDE, Óscar, op. cit.

164 NIETZSCHE, Friedrich. *Ecce homo, op. cit.*

plásticos, lingüísticos o sonoros». Pero este significado es bastante moderno. Para Nebrija (1495) arte era sinónimo de ciencia u oficio. En el primer diccionario académico (Autoridades, 1726) había cinco entradas para este vocablo. De la primera: «La facultad que prescribe reglas y preceptos para hacer rectamente las cosas. Debajo de este nombre se entiende la generalidad de las artes liberales y mecánicas», viene la acepción actual «conjunto de preceptos y reglas necesarios para hacer algo». De la segunda: «Vale asimismo primór y perfección en la obra hecha: y assi de lo que está executado ó labrado con todo cuidado, y compuesto según los preceptos y reglas de cada arte, se dice que está executado con arte», viene la actual «capacidad, habilidad para hacer algo». De la tercera: «Se llama tambien la maña, destréza, fagacidad y astúcia de alguna persona, y la habilidad con que dispóne las cosas», viene la cuarta acepción actual: «Maña, astucia».

No fue hasta 1825 que la Academia Española, por influencia francesa, admitió incluir en su diccionario: «NOBLES Ó BELLAS ARTES. Las que dependen principalmente del ingenio», cambiando la definición en 1832 por: «NOBLES Ó BELLAS ARTES. Las que tienen por base el diseño ó dibujo; como la pintura, la arquitectura y la escultura».

Gracias a este breve repaso lexicográfico sabemos que el concepto cultural de arte como expresión estética y comunicativa de ideas y emociones es bastante reciente y que, en un principio, se limitaba a la representación de la realidad a través de las formas. Posteriormente fueron añadiéndose otras disciplinas, hasta que en 1911 el poeta italiano Riccioto Canudo publicó su *Manifiesto de los siete artes* en el que enumeró y clasificó las diferentes artes desde la antigüedad hasta entonces: arquitectura, escultura, pintura, música, danza, poesía y cine. Canudo fue el primero en considerar la cinematografía como arte, el séptimo, puenteando así a la fotografía, que quedó subsumida artísticamente en esta nueva y pujante industria consistente en la captación y proyección sobre una pantalla de imágenes fotográficas en movimiento.

Por supuesto, esta clasificación del arte es meramente convencional y arbitraria, fruto de ideas y conceptos pasados. Solo así se comprende por qué no se incluye en esta relación a la fotografía, además de la literatura, el teatro o la ópera. Es posible que se entienda la literatura incluida en el apartado clásico de la poesía y la ópera en el de la música (a pesar de que el arte operístico incluye también la representación teatral), pero ¿cómo explicar que el teatro no se incluya entre las artes nobles?

La herramienta del arte para la autoformación personal es imprescindible y ahora, gracias a internet, mucho más cercana y asequible que antaño.

Tener acceso a la poesía y la literatura en general, aunque suponía un gasto económico más o menos importante para nuestra economía, era relativamente fácil en la época preinternet porque en casi todas partes había una librería. Otra cosa es que estuviese cercana y contase con suficiente surtido. La música podía oírse a través de la radio, incluida la ópera. Por medio del televisor tenías posibilidad de ver alguna que otra vez una representación teatral (¡cuánto bien hizo el prestigioso programa *Estudio 1* en la primera cadena de TVE!) y, mucho más raramente, una función de danza. El cine era probablemente el tipo de arte más visto gracias a los cinematógrafos y los televisores, como sigue siéndolo hogaño gracias además a los dispositivos digitales.

Pero para contemplar obras pictóricas o escultóricas, conciertos de música en vivo o asistir a funciones teatrales o balletísticas era necesario vivir en una gran ciudad o en alguna población lo suficientemente importante como para que contase con museos o galerías de arte, teatros y auditorios o salas de concierto. ¿Y qué decir de la arquitectura? No hay muchas urbes en las que haya edificios que muestren una notable variedad de estilos arquitectónicos. Para disfrutar de este arte había forzosamente que viajar o conformarse con mirar fotografías o documentales.

Ahora con internet podemos gozar de todas las artes a cualquier hora y sin movernos de casa, aunque nada suplantará el placer de ver u oír presencialmente, por ejemplo, un cuadro de Velázquez, una escultura de Miguel Ángel, una sinfonía de Beethoven, una ópera de Puccini, una de las pirámides de Egipto, una obra teatral de García Lorca o una coreografía con música de Tchaikovsky.

Cada iniciado en el autodidactismo ha comenzado su experiencia con las artes de un modo parecido al de cualquier otra persona, pero ha sabido aprender a valorar el arte de manera individual, sin que nadie le haya dicho cómo hacerlo. En mi caso empecé con la literatura, continué con el cine, el teatro, la pintura y así sucesiva o simultáneamente. La música clásica me llevó a la ópera y la filosofía me ayudó a comprender por qué este arte, la música, es el más sublime de todos, el único auténticamente nacido del ingenio humano, el único que no es una imitación de la naturaleza. Habrá quien piense que el canto de los pájaros o el sonido que produce el viento o el mar pueden recrear el oído con una sensación musical, pero lo cierto es que la música es mucho más que eso. La música es la combinación de melodías, ritmos y armonías que solo el ser humano es capaz de crear.

«La música coloca nuestro ser en tanto hombres y mujeres en contacto con aquello que trasciende lo expresable», escribió Steiner.[165] Mucho antes que él, Schopenhauer (traductor al alemán de nuestro Baltasar Gracián) dedicó una buena parte de sus ensayos a la música como conocimiento metafísico. Para el autor de *El mundo como voluntad y representación* la música es ajeno al mundo que experimentamos por medio de nuestros sentidos

---

165 STEINER, George. *Presencias reales.* Barcelona, 1991.

> la música, al pasar por encima de las ideas, es también enteramente independiente del mundo fenoménico al que ignora sin más y, en cierta medida, también podría subsistir aun cuando el mundo no existiera en absoluto, siendo esto algo que no cabe decir de las demás artes.[166]

y es el único arte que se dirige directamente a nuestras emociones, prescindiendo de imágenes o de palabras.

> La música no habla de las cosas, sino del bienestar y de la aflicción en estado puro (únicas realidades para la voluntad), y por eso se dirige al corazón, pues no tiene mucho que decir directamente a la cabeza.[167]

VIAJAR

Viajar es otra herramienta muy importante, casi imprescindible, del autodidactismo. Conocer otros lugares, otras gentes, otras culturas, sirve para aumentar nuestro conocimiento, comprender mejor a los demás y hacernos más tolerantes, mejores personas.

«Los que cruzan los mares, mudan de clima, no de carácter»,[168] escribió el principal poeta lírico y satírico en lengua latina, pero no es del todo cierto. Aunque es verdad que nuestro carácter no muda únicamente solo con viajar, también es cierto que la reflexión sí que ayuda al autodidacta a conocerse mejor y a corregirse en lo posible. Y viajar es un estímulo muy potente para la reflexión íntima. Conocer otras costumbres, tener trato con personas que piensan y viven de manera

---

166 Citado por Rudiger Safranski. *Shopenhauer y los años salvajes de la filosofía.* Trad. José Planells Puchades. Madrid, 1998.

167 *Ibidem.*

168 HORACIO. *Epístola.* En *Sátiras. Epístolas. Arte poética*, Horacio. Madrid, 2008.

distinta a nosotros, nos hace más respetuosos, nos enriquece como personas.

> Los perros, de cierto, ladran a quien no conocen.[169]

El viajero autodidacta no se limita a trasladarse de un lugar a otro durante un espacio de tiempo más o menos corto, sin involucrarse en la comunidad local y limitándose a visitar algún que otro museo o monumento. El viajero autodidacta no es un simple turista. Sin llegar al concepto antiguo y romántico de viajar, cuando los viajes duraban meses e incluso años, el autodidacta viaja con la expectativa abierta a la improvisación, sin plan establecido, sin itinerario fijo y quizá sin fecha final predeterminada. El viajero autodidacta aprovecha la experiencia para conocer gente nueva y quizá otro idioma, y vivir por unos días en el lugar que visita. A diferencia del turista, que se limita a mirar, el viajero autodidacta vive. Hay una frase de Henry Miller muy celebrada por los viajeros: «Nuestro destino de viaje nunca es un lugar, sino una nueva forma de ver las cosas».

INTERNET

Hemos apuntado más arriba algunas de las ventajas y desventajas del uso de internet. Entre las primeras cabe destacar el acceso inmediato a todo tipo de información y el cruce, también inmediato, de mensajes entre personas distantes.

Para el autodidactismo, el acceso a una información global e inmediata sin moverse de casa o a través de un dispositivo tan manejable como un teléfono móvil o una tableta, es la prestación más interesante que ofrece la red informática mundial. Sus

---

169 HERÁCLITO DE ÉFESO. Citado por Alberto Bernabé en *De Tales a Demócrito.* Madrid, 1988.

virtudes son inmensas, siempre y cuando se sepa discernir entre la información fidedigna de la falsa y de la desinformación. Esta última es más peligrosa que la información involuntariamente errónea, ya que supone omitir o facilitar una información intencionadamente manipulada o insuficiente al servicio de ciertos fines.

Con la práctica, el empleo de sentido común y algo de paciencia es relativamente fácil navegando por internet hallar sitios o páginas web elaborados por personas o entidades de reconocido prestigio en las que podemos confiar, comprobando las fuentes que citan. Otra cosa es que aceptemos o discrepemos de la información que suministran.

De la comunicación interpersonal a través de internet ya hemos expuesto algunas desventajas cuando hablamos de la conversación, de la importancia de interactuar mirándonos a los ojos. No obstante, es justo reconocer que la mensajería digital tiene importantes ventajas, siempre y cuando no se utilice como sustituto de la conversación personal, ya sea telefónica o, mejor aún, presencial. La conversación entre humanos está lejos de ser un mero intercambio maquinal de información.

El uso de internet debe estar al servicio de la persona, de ninguna manera puede convertirse en su dominador. Depender obsesivamente de internet, pasarse horas y horas navegando por la red a través del ordenador o del móvil, comunicándonos o simplemente curioseando, no es un uso sano ni inteligente de un instrumento. Un instrumento valioso, sí, pero que puede conducirnos si nos descuidamos al adocenamiento.[170] Estar siempre conectados en la red puede llevarnos a pensar que

---

170 Oxford University Press escogió como expresión más relevante del año 2024 *brain rot* (podredumbre cerebral o mental), que se refiere tanto a la causa como al efecto de pasar horas consumiendo contenido en redes de ínfima calidad. GÓMEZ URZAIZ, Begoña. «Internet nos sirve cosas para no pensar, y nos las tragamos: ¿el "scroll" nos pudre el cerebro?». *La Vanguardia*, 14 diciembre 2024.

estamos acompañados y mejor informados, pero la realidad es justo la contraria. Si no nos damos tiempo a pensar y no somos capaces de estar solos, no asimilaremos correctamente la información recibida y no tendremos tiempo de conversar con nosotros mismos. Por otra parte, debemos ser conscientes de que la búsqueda de información en internet está condicionada y dirigida por mecanismos de cálculos que seleccionan y presentan los datos, noticias y referencias de acuerdo con criterios desconocidos por nosotros. De un océano de información sobre el asunto que nos interesa, el algoritmo en cuestión nos ofrece un vaso siguiendo unas preferencias supuestamente basadas en nuestro historial digital… o en el interés comercial del administrador del buscador. De manera que no podemos estar seguros de que el buscador no nos presente resultados editados que existen pero que ha decidido por nosotros que no debemos o no queremos ver. Al mismo tiempo, la red construye constantemente una versión de nosotros, sirviéndose de nuestros gustos, opiniones y fobias. Desgraciadamente, todos o casi todos estamos dispuestos a sacrificar nuestra privacidad por la comodidad.

No se trata de que abandonemos nuestros dispositivos digitales, sino de que tengamos una relación con ellos más consciente y útil, que distingamos entre usuario y dependiente.

Para el autodidacta, ya ha quedado dicho, internet es una herramienta de primer orden, y como herramienta ha de aprender a utilizarla satisfactoriamente.

Después de unos años en los que ha prevalecido en la enseñanza la sustitución de los libros de texto por el uso de ordenadores entre los estudiantes, ha empezado a revertir esta moda, al menos parcialmente, tras comprobarse las consecuencias adversas de tal sustitución. Algo que ya habían advertido los padres de Silicon Valley, que llevan años llevando a sus hijos a escuelas libres de tecnología para que desarrollen una mayor capacidad intelectual y emocional. Según su biógrafo, Steve Jobs no animaba a sus hijos a utilizar dispositivos electrónicos.[171]

La información instantánea no equivale a formación. De la misma manera, depender de la memoria electrónica no puede tener el mismo valor y eficacia que desarrollar la memoria propia. Confiar en la memoria externa supone debilitar la interna, la almacenada en nuestro cerebro, que es de la que nos servimos para transformar (y generalmente mejorar) nuestra propia cultura y la de la sociedad en su conjunto. «Para seguir siendo vital, la cultura debe renovarse en las mentes de los miembros de cada generación. Si externalizamos la memoria, la cultura se marchita y perece».[172]

Mención especial merecen las plataformas digitales de comunicación global. Después de casi dos décadas de aceptación masiva, hay suficientes estudios especializados publicados como para atisbar siquiera las consecuencias negativas que están teniendo en las relaciones personales. Estas tienden a reducirse a círculos de gente que opinan igual que nosotros, evitando así el contraste de pareceres, y cuando no son conocidos, la ausencia de rostro y de voz en la mayoría de las redes sociales propicia la desinhibición, la reducción del autocontrol, el comportamiento agresivo y hasta los abusos y la crueldad gratuita. Esta actitud está impulsada la mayoría de las veces por la sensación de anonimato y de impunidad. Al utilizar seudónimos, pensamos que nuestros ocasionales interlocutores no nos reconocerán y que, en caso de denunciarnos, será difícil que nos descubran. Sin embargo, internet se parece cada vez más a un laberinto panóptico, una encrucijada artificiosa de conexiones aparentemente confusa y enredada, pero en la que dejamos

---

171 *Cf.* TURKLE, Sherry, op. cit., p. 72.

172 CARR, Nicholas G. *Superficiales: ¿Qué está haciendo internet con nuestras mentes?* Trad. Pedro Cifuentes Huertas. Madrid, 2017.

nuestro rastro de un modo fácilmente distinguible para los ingenios electrónicos especializados.

En 2005 empezó esta aceptación masiva de las redes sociales, en 2007 Apple lanzó el primer iPhone y al año siguiente salió el primer Android. Desde entonces, no puedes estar seguro de que tu interlocutor te está escuchando si está mirando su dispositivo móvil. Antes de 2008, no prestar atención a los amigos con los que estabas físicamente resultaba mucho más difícil y ofensivo.

Algunos de los resultados de una investigación realizada en 2014 concluyeron que:

> El 25 % de los propietarios de teléfonos celulares en un matrimonio o pareja han sentido que su cónyuge o pareja se distraía con su teléfono celular cuando estaban juntos. El porcentaje asciende al 42 % entre los jóvenes de 18 a 29 años.
>
> El 45 % de los usuarios de internet de entre 18 y 29 años que mantienen relaciones serias dicen que internet ha tenido un impacto en su relación, mientras que solo uno de cada diez adultos en línea de 65 años o más dice lo mismo.[173]

Según una encuesta realizada por Harris Interactive en 2013, un 20 % de jóvenes estadounidenses de entre 18 y 34 años contesta al teléfono móvil mientras mantiene relaciones sexuales.[174] Otra encuesta realizada por una empresa británica en 2015 subió este porcentaje al 25 % (uno de cada cuatro usuarios de teléfono móvil).[175]

---

173 LENHART, Amanda y DUGGAN, Maeve. «Las parejas, Internet y las redes sociales». *Pew Research Center,* 11 febrero 2014. https://www.pewresearch.org/internet/2014/02/11/couples-the-internet-and-social-media/

174 SHERMAN, Erik. «¿Uso del teléfono celular durante las relaciones sexuales? Créelo». *CBS NEWS*, 22 julio 2013. https://www.cbsnews.com/news/cell-phone-use-during-sex-believe-it/

175 BIRCH, Jenna. «Estadística impactante: el 25 por ciento de las personas contesta el teléfono durante las relaciones sexuales». *Yourtango. https://www.yourtango.com/201165808/shocking-stat-25-percent-people-answer-phone-during-sex*

Morir

Cuando en la vida hay mucho más pasado que futuro, abundan los recuerdos y disminuyen las expectativas. Una de estas últimas es la muerte.

Aprender a morir forma parte de la autoeducación. Prepararse para afrontar el final de nuestra vida cuando no se presenta de manera brusca e inmediata, es una tarea más que debe asumir el autodidacta.

La doctora inglesa de cuidados paliativos Kathryn Mannix, con más de cuarenta años de experiencia, dice que «tras encontrarme con la muerte miles de veces, he llegado a la conclusión de que tenemos poco que temer y mucho que preparar. Desgraciadamente, por lo general me encuentro con pacientes y familias que piensan lo contrario: que la muerte es espantosa y que hablar o prepararse para ella será insoportablemente triste o aterrador».[176]

No se trata únicamente de prepararse para morir bien, sino de vivir bien hasta el final. Las personas que se sienten satisfechas con su experiencia vital son las que están en mejores condiciones para aceptar la muerte. «Prepararse para morir tiene mucho

---

176 MANNIX, Kathryn. *Cuando el final se acerca. Cómo afrontar la muerte con sabiduría.* Trad. María Porras Sánchez. Barcelona, 2020.

que ver con haber tenido una buena vida», dice el neurocirujano Henry Marsh, que después de pasarse la vida operando tumores cerebrales ajenos ahora se enfrenta a su propio cáncer.[177]

La muerte forma parte de la vida; es su epílogo. Un epílogo breve, muy breve, por cuanto dura un instante. En consecuencia, no debe temerse a lo que sucederá en apenas un instante. Otra cosa es la agonía, que sí puede ser larga y angustiosa, razón por la cual muchos pensadores defienden la eutanasia como forma de garantizar una muerte digna, rápida e indolora.

> Nada hay, pues, temible en el vivir para quien ha comprendido rectamente que nada terrible hay en el no vivir.[178]

> Así que el más espantoso de los males, la muerte, nada es para nosotros, puesto que mientras nosotros somos, la muerte no está presente, y, cuando la muerte se presenta, entonces no existimos.[179]

> Es preferible la muerte a una vida amarga y el eterno descanso a una enfermedad permanente.[180]

> Mejor vida es morir que vivir muerto.[181]

> El vivir es servir si falta la libertad de morir.[182]

> Había visto que la mayoría de las opiniones de los antiguos convenían en esto: que es hora de morir cuando vivir reporta

---

177 ZUBALBEASCOA, Anatxu. «Henry Marsh: "Prepararse para morir tiene mucho que ver con haber tenido una buena vida"». *El País,* 25 marzo 2023. https://elpais.com/eps/2023-03-25/henry-marsh-prepararse-para-morir-tiene-mucho-que-ver-con-haber-tenido-una-buena-vida.html

178 EPICURO. *Carta a Meneceo.* En *Carta a Meneceo y Máximas capitales.* Madrid, 1985.

179 *Ibidem.*

180 *Eclesiástico,* 30:17.

181 QUEVEDO, Francisco de. *El Parnaso español.* Barcelona, 2020.

182 MONTAIGNE, Michel de. *Ensayos,* 3 vol. Madrid, 2006.

mayor mal que bien; y que es ir contra las propias leyes de la naturaleza el conservar la vida para tormento e insatisfacción nuestros.[183]

Varios tragos es la vida y un solo trago es la muerte.[184]

2 INFORMACION Lunes, 6 de enero 1992

OPINION

Eutanasia

Antecedentes

Situación actual

En la actualidad está penalizada la eutanasia en la mayoría de los países

Debate

Futuro

INFORMACION

Información, 6 enero 1992, p. 2.

183 *Ibidem.*

184 HERNÁNDEZ, Miguel. *Sentado sobre los muertos.* En *Viento del pueblo.* Madrid, 1992.

La lectura y la reflexión me llevaron a interesarme por la preparación de la muerte cuando todavía no había cumplido los cuarenta años de edad. Como consecuencia de ello escribí un extenso artículo sobre la eutanasia, en el que terminaba abogando por su legalización, que fue publicado en la Epifanía de 1992 en el diario alicantino en el que colaboraba.[185] *Por aquellas mismas fechas, firmé ante notario y dos testigos mi testamento vital. Mi esperanza es morir sin dolor, en mi cama y con relativa rapidez, de manera que no haya apenas agonía y que me dé tiempo a despedirme de mis seres queridos. Pienso que es menos egoísta que desear una muerte fulminante, porque si bien esta sería mejor para mí, para los que se quedan el luto será más doloroso.*

185 *Información*, 6 enero 1992, p. 2.

Orgullo autodidacta

Es posible que mi carencia de titulación universitaria haya perjudicado mi carrera profesional, literaria o política, pero no tengo constancia de ello. Nadie me ha dicho hasta ahora nada claramente. Recibí sobre todo en mi época política algunas insinuaciones bienintencionadas por parte de amigos, así como otras de conocidos o rivales, sinceras unas y aviesas otras, que en ningún caso hicieron mella en mi orgullo autodidacta. No faltó quien me dijo lo de eres un hombre que te has hecho a ti mismo, *frase que suele aceptarse como un cumplido, pese a que también puede tomarse por todo lo contrario, porque hasta los seres malvados y perversos se han hecho a sí mismos.*

Desde que a los dieciocho años decidí abandonar la universidad y dedicarme a mi autoformación, no ha habido ni una sola vez que me haya arrepentido o que haya pensado en retomar los estudios académicos tradicionales. Pasado ya medio siglo, me siento satisfecho de lo que he conseguido gracias al autodidactismo. No solo he logrado (perdóneseme la inmodestia) desarrollar más que aceptablemente mi intelecto, sino que he mejorado como persona, aunque estoy seguro de que no todo lo deseable.

En resumen, no tengo título oficial de marketing o empresariales, pero he dirigido una oficina comercial con más de cien empleados a mi cargo. Aunque no tengo titulación alguna sobre lengua y literatura, he publicado trece novelas con diferentes editoriales profesionales desde 1987, dos ensayos lexicográficos y creé una revista digital, Curiosidario, *sobre curiosidades de la lengua española. Aunque no tengo título universitario de historia, he publicado quince ensayos históricos y he realizado trabajos de investigación tan completos como cualquier tesis doctoral. Pese a que no poseo la titulación de periodista o de ciencias de la comunicación, he publicado en varios diarios y revistas cerca de mil artículos y reportajes. No he estudiado ciencias políticas, pero fui elegido presidente regional de un partido con representación parlamentaria. Aunque no he estudiado derecho, he legislado más que la mayoría de los abogados y fui distinguido en 1991 por los cronistas parlamentarios como el diputado más negociador. No he obtenido ningún premio relevante, pero en 2018 fui elegido democráticamente miembro del Consell Valencià de Cultura, una institución estatutaria, consultiva y asesora de la Generalitat Valenciana.*

En este momento, puedo decir que he tenido en general, y estoy teniendo, una vida grata, tal vez incluso con muchos momentos felices, si es que la felicidad es posible. Aunque he cometido errores de los que me arrepiento y he procurado aprender, estoy satisfecho de lo que he conseguido. Procuraré seguir disfrutando de la vida, pero también preparándome para la muerte, que espero me sorprenda lúcido, tranquilo y acompañado de los míos.

ALGUNOS EJEMPLOS

Son muchísimos los autodidactas que han alcanzado fama a lo largo de la historia. Algunos ya han sido citados más arriba, a continuación se relacionan otros que destacaron en diversas actividades, advirtiendo que resulta imposible presentar una lista completa, por lo que se ha prescindido de la inmensa mayoría de quienes han alcanzado la fama como artistas o deportistas, cuyo mérito es incuestionable pero que, generalmente, está poco o nada relacionado con la autoformación personal, incluida la intelectual, así como los empresarios popularmente conocidos que no han cursado estudios universitarios, pero que deben su éxito en buena medida a la herencia recibida.

Roberto Abel (Alpachiri, Argentina, 1919-Cipolletti, Argentina, 15 agosto 2008). Fundador del Museo Provincial de Cipolletti Carlos Ameghino y descubridor del dinosaurio que lleva su nombre, *Abelisaurus*, en 1986. Aunque no tenía más título académico que el de bachiller, es considerado uno de los más importantes historiadores, paleontólogos y cartógrafos de América Latina.

Román Abramóvich (Sarátov, Rusia, 24 octubre 1966). Empresario. Huérfano a los cuatro años de edad, estudió en varias escuelas de la República de Komi, al norte de Rusia, y trabajó como comerciante ambulante y mecánico en una fábrica, antes de ir a Moscú para estudiar en el Instituto Gubkin de Petróleo y Gas. Dejó los estudios y trabajó para la empresa suiza Runicom. En 1988, durante la perestroika, aprovechó la privatización de las empresas públicas de la Unión Soviética para entrar en el negocio petrolero. También fundó una empresa de fabricación de muñecas y granjas de cerdos. Asociado a Borís Berezovski, diversificó sus negocios al principio de la década de 1990 y adquirió una participación mayoritaria en la petrolera Sibneft en una subasta amañada. La compañía creció vertiginosamente en los años siguientes, durante los cuales pagó miles de millones de dólares en sobornos a funcionarios del gobierno, según reconocería posteriormente en sede judicial. En 2021 su patrimonio neto era de 14.500 millones de dólares, según la revista *Forbes*.

María Gaetana Agnesi (Milán, 16 mayo 1718-Milán, 9 enero 1799). Matemática cuya obra más importante, *Instituciones analíticas*, fue traducida a varios idiomas y utilizada para aprender matemáticas durante más de medio siglo en muchos países europeos. En la Biblioteca Ambrosiana de Milán se conservan sus obras inéditas que ocupan veinticinco volúmenes. Recibió una formación privada en casa de sus padres. Con cinco años hablaba francés y con nueve conocía siete lenguas: italiano, latín, francés, griego, hebreo, alemán y español. Fue nombrada miembro de la Academia de Ciencias de Bolonia.

Busto de María Gaetana Agnesi.

Roberto Alagna (Clichy-sous-Bois, Francia, 7 junio 1963). Tenor de fama internacional. Empezó cantando muy joven en cabarets parisinos, inspirado por las películas de Mario Lanza. Aprendió su repertorio operístico del contrabajista cubano Rafael Ruiz. Fue distinguido con la orden nacional de la Legión de honor.

Rafael Alberti (El Puerto de Santa María, España, 16 diciembre 1902-El Puerto de Santa María, 28 octubre 1999). Poeta. Estudió en colegios religiosos hasta que fue expulsado con quince años de edad. Se trasladó con su familia a Madrid, donde se dedicó a pintar, exponiendo en el Salón de Otoño y en el Ateneo. En 1920, con motivo de la muerte de su padre, escribió su primer poema. Con *Marinero en tierra* ganó el Premio Nacional de Literatura en 1925. En 1983 recibió el Premio Cervantes.

Louisa May Alcott (Germantown, EE. UU., 29 noviembre 1832-Boston, 6 marzo 1888). Escritora conocida principalmente por su novela *Mujercitas.* Escribió con el seudónimo de A. M. Barnard novelas que trataban sobre el adulterio y el incesto. Feminista y abolicionista, nació y creció en el seno de una familia humilde, por lo que hubo de empezar a trabajar muy joven, después de recibir una educación ceñida al ámbito familiar, dirigida por su padre, Amos Bronson Alcott, pedagogo y escritor.

António Aleixo (Vila Real de Santo António, Portugal, 18 febrero 1899-Loulé, Portugal, 16 noviembre 1949). Uno de los poetas portugueses más famosos del siglo XX por su ironía y crítica social, era llamado el poeta filósofo del pueblo. De familia humilde, era casi analfabeto. Aprendió a leer y escribir básicamente durante el servicio militar.

Edgar Allan Poe (Boston, 19 enero 1809-Baltimore, 7 octubre 1849). Escritor y periodista. Reconocido mundialmente como uno de los maestros del relato corto detectivesco. Allan era el apellido de sus padres adoptivos. En 1816 la familia se trasladó a Londres y regresó a Richmond en 1820. Estudió en varios colegios y en enero de 1826 se matriculó en la Universidad de Virginia para estudiar lenguas, pero la abandonó al cabo de año y medio, trasladándose a Richmond y Boston. El 1 de julio de 1830 ingresó en la academia militar de West Point, de la que fue expulsado el 8 de febrero de 1831. A partir de entonces trabajó como periodista para diarios de Baltimore, Filadelfia y Nueva York.

Paul Allen (Seattle, 21 enero 1953-Seatlle, 15 octubre 2018). Empresario, filántropo, cofundador de la empresa Microsoft en 1975. Estudió en la Universidad Estatal de Washington, pero la abandonó a los dos años porque se aburría y para dedicarse a escribir software comercial para los ordenadores personales junto con su amigo Bill Gates. En su autobiografía, titulada *Idea man* («el hombre de las ideas»), Allen afirma que sabía leer antes de llegar a la guardería y que con cuatro años su pasión era un libro sobre el funcionamiento de los tractores, las excavadoras y los camiones. Empezó a interesarse por los ordenadores a los catorce años. Recuerda que por aquel entonces su padre le aconsejó: «Cuando crezcas y tengas un trabajo, haz algo que ames: sea lo que sea, deberías amarlo».

Paul Allen.

Woody (Heywood) Allen (Nueva York, 30 noviembre 1935). Nacido como Allan Stewart Konigsberg. Director, guionista y actor de cine. En 1953 se graduó en la Escuela Secundaria Midwood y se matriculó en la Universidad de Nueva York para estudiar comunicación y cine, pero la abandonó al poco. Al año siguiente se matriculó en el City College de Nueva York, dejando las clases al final del primer semestre. Comenzó a escribir chistes cortos cuando tenía quince años (firmados como Woody Allen) que empezó a vender al año siguiente a escritores de Broadway. Con diecinueve años fue contratado por la NBC y después escribió para varios humoristas y comenzó a escribir guiones para televisión. Entre 1960 y 1969 actuó como monologuista. Su primera película como guionista se estrenó en 1965, *What's New Pussycat?* (*¿Qué tal, Pussycat?*), y la primera que dirigió, *What's Up, Tiger Lily?*, en 1966. Ha recibido cuatro premios Oscar, uno al mejor director (1978) y tres al mejor guion original (1978, 1987 y 2012).

Pedro Almodóvar (Calzada de Calatrava, España, 25 septiembre 1949). Director, guionista y productor cinematográfico. Estudió bachillerato en Cáceres. Con dieciocho años se trasladó a Madrid, donde trabajó en un almacén de la Compañía Telefónica Nacional de España durante doce años, al mismo tiempo que escribía guiones y formaba parte de un grupo teatral y otro musical. En 1980 se estrenó la primera película que escribió y dirigió, *Pepi, Luci, Bom y otras chicas del montón*. Desde entonces ha estrenado más de veinte películas. Ganó un Oscar a la mejor película de habla no inglesa en 1999 y otro al mejor guion original en 2002. Miembro de la Academia Estadounidense de las Artes y las Ciencias. Caballero de la Orden de la Legión de Honor francesa. Doctor *honoris causa* por las universidades de Harvard y Oxford.

Francesco Ambrosi (Trento, 17 noviembre 1821-Trento, 9 abril 1897). Historiador, bibliotecario y botánico, autor de numerosos trabajos científicos. Fue educado por tutores privados. Dirigió la biblioteca y el museo de historia natural de Trento, y fundó el archivo histórico de esta ciudad. Cuando falleció, su biblioteca contenía cuarenta mil volúmenes.

André Marie Ampère (Lyon, 20 enero 1775-Marsella, 10 junio 1836). Inventor del primer telégrafo eléctrico. Formuló en 1827 la teoría del electromagnetismo. Dio nombre al amperio, la unidad de intensidad de corriente eléctrica. Nunca fue a la escuela porque su padre era un ferviente seguidor de Rousseau y de la instrucción sin obligaciones. Aprendió a leer muy joven, su padre le enseñó ciencias naturales, poesía y latín, hasta que con doce años empezó a consultar libros de matemáticas en la biblioteca de Lyon. Fue elegido miembro de la Academia de Ciencias de Francia en 1814.

Hans Christian Andersen (Odense, Dinamarca, 2 abril 1805-Conpenhague, 4 agosto 1875). Escritor y famoso autor de cuentos infantiles. De familia muy humilde, abandonó sus estudios cuando murió su padre. Se dedicó a viajar y a leer todo cuanto llegaba a sus manos, especialmente las obras de Shakespeare, Holberg, Goethe, Schiller y Hoffmann. Logró acabar el bachillerato con ayuda de mecenas.

Tadao Ando (Osaka, Japón, 13 septiembre 1941). Arquitecto. De joven fue boxeador. Como no podía permitirse económicamente una educación universitaria, se autoeducó leyendo libros, asistiendo a clases nocturnas y a viajar y visitar edificios en su país y en el extranjero. Su interés por la arquitectura se lo inculcaron su profesor de matemáticas y carpinteros de su ciudad cuyos talleres visitaba con frecuencia. «Estos dos elementos, matemáticas y carpintería, conversan en arquitectura. Ese fue mi punto de partida», diría en una entrevista concedida en 2015 a la revista *Surface Magazine*. Con veintiocho años abrió su propio estudio arquitectónico, Tadao Ando Architect & Associates. Ha recibido numerosos premios y distinciones, siendo el primero el de la Asociación Japonesa de Arquitectura en 1976 por la construcción de la Casa Azuma, en Osaka. Imparte clases en las universidades de Tokio, Yale, Harvard y Columbia.

Tadao Ando. The Oval.

Mary Anning (Lyme Regis, Inglaterra, 21 mayo 1799-Lyme Regis, 9 marzo 1847). Paleontóloga. Su trabajo científico contribuyó a que se dieran cambios fundamentales en la manera de entender la vida prehistórica y la historia de la Tierra, admitiéndose el fenómeno de la extinción. Está considerada como la primera paleontóloga. Entre otros hallazgos, descubrió los primeros esqueletos de ictiosauro y plesiosauro. Junto con su hermano Joseph acompañaba a su padre en la búsqueda de fósiles en los acantilados que después vendían. El coleccionismo de fósiles estaba en boga y ambos hermanos siguieron con el negocio tras la muerte de su padre. En 1810 Joseph descubrió un cráneo de ictiosauro y ella el esqueleto al año siguiente. A partir de entonces empezaron a relacionarse con la comunidad científica, aunque siempre fue considerada una intrusa. Por ser mujer no se le permitió publicar y varios geólogos usaron sus hallazgos en sus propios trabajos, sin mencionar su nombre.

Julian Assange (Townsville, Australia, 3 julio 1971). Periodista y programador. En su juventud fue miembro de un grupo de *hackers* llamado Subversivos Internacionales, por lo que fue arrestado en 1991 y condenado a una multa. Trabajó como programador y en 2003 se matriculó en la Universidad de Melbourne para estudiar matemáticas, pero la abandonó tres años después sin obtener el título, para dedicarse a la creación de WikiLeaks, medio digital en el que se han publicado documentos clasificados del Gobierno de Estados Unidos, por lo que fue condenado y perseguido internacionalmente.

Jane Austen (Steventon, Inglaterra, 16 diciembre 1775-Winchester, Inglaterra, 18 julio 1817). Escritora. Considerada una de los clásicos de la novela inglesa. Autora, entre otras, de las novelas *Sentido y sensibilidad*, *Emma* y *Orgullo y prejuicio*. Se educó en su casa, que poseía una amplia biblioteca, y en un internado en Reading entre los siete y los diez años.

James Marcus Bach (EE. UU., 7 junio 1966). Ingeniero informático. Después de abandonar la escuela secundaria, empezó a trabajar como probador de software para Apple y Borland y programó versiones Apple II y Commodore 64 de varios títulos para Spinnaker Software. Desde 1999 trabaja como consultor independiente. Fue testigo en 2001 en el caso antimonopolio Estados

Unidos contra Microsoft Corp., demostrando que Microsoft podía efectivamente separar Internet Explorer de Windows.

James Eustace Bagnall (Londres, 7 noviembre 1830-Londres, 3 septiembre 1918). Botánico. Trabajó en el almacén de su padre como fundidor de latón y como escribano para una empresa de Birmingham. Descubrió la botánica a los treinta y cuatro años de edad, cuando un amigo le prestó un microscopio. Todo su conocimiento sobre botánica fue autoadquirido, a través de la recolección de especímenes y el cotejo de los registros. Sus estudios fueron una gran contribución a la biogeografía.

Sirimavo Bandaranaike (Balangoda, Sri Lanka, 17 abril 1916-Colombo, Sri Lanka, 10 octubre 2000). Política. Nacida Sirima Ratwatte. Fue primera ministra de Sri Lanka. Estudió primaria en el colegio Fuguson de Ratnapura y secundaria en el Convento de Santa Brígida de Colombo. Se casó en 1940 con el gobernador local Solomon Bandaranike, que fue luego elegido primer ministro de Ceilán en 1956. Al ser asesinado en 1959, fue nombrada presidenta del Partido de la Libertad y se presentó a las elecciones en 1960, siendo elegida primera ministra. Fue reelegida y ocupó el cargo hasta 1977. De nuevo fue primera ministra en noviembre de 1994. Se retiró el 10 de agosto de 2000 y murió dos meses después.

Jeanne Baret (La Comelle, Francia, 27 julio 1740-Saint-Aulaye, Francia, 5 agosto 1807). Botánica. Fue la primera mujer que dio la vuelta al mundo. Se quedó huérfana de ambos padres, jornaleros, antes de cumplir los dos años de edad. No era analfabeta, pero no se sabe cómo ni cuándo aprendió a leer y escribir. Entre 1766 y 1769 participó en la expedición de Bougainville vestida de hombre, haciéndose llamar Jean Baret y como ayudante del naturalista Philibert Commerson. Su importante labor como botánica no fue reconocida durante siglos, ya que sus contribuciones científicas fueron atribuidas a Commerson.

Abraham Edward Barit (Jersey City, EE. UU., 30 agosto 1890-Grosse Pointe Park, EE. UU., 14 julio 1974). Industrial, presidente y director ejecutivo de la Hudson Motor Car Company desde 1936 hasta su fusión con Nash Motors en 1954 para formar American Motors Corporation. De familia pobre, comenzó a trabajar en la Hudson Motor Car Company con veinte años en el departamento de compras como taquígrafo. Estudió un grado en el Instituto Juárez de San Juan Bautista y trabajó siendo joven de encuadernador, dependiente y apuntador teatral.

Marcos Enrique Becerra (Teapa, México, 25 abril 1870-Ciudad de México, 7 enero 1940). Escritor y político, autor de estudios pioneros lexicográficos, antropológicos, arqueológicos y botánicos relacionados con la época precolombina y colonial. Fue diputado y miembro de la Academia Mexicana de la Historia.

Thomas Beecham (St. Helens, Inglaterra, 29 abril 1879-Londres, 8 marzo 1961). Influyente director de orquesta en Inglaterra desde 1920 hasta su muerte; fundador de varias orquestas británicas. Estudió en la Universidad de Oxford y fue empresario, pero como músico era autodidacta. Fue condecorado caballero del Imperio británico en 1916.

Peter Behrens (Hamburgo, 14 abril 1868-Berlín, 27 febrero 1940). Arquitecto y diseñador. Entre los dieciocho y los veintidós años estudió pintura en la Escuela de Arte de Karlsruhe y luego en la de Düsseldorf. En Múnich se dedicó a la pintura, al dibujo publicitario, a la fotografía y al diseño. Cofundó varias asociaciones artísticas. En 1901 construyó su primera obra arquitectónica en Darmstadt, que fue su vivienda hasta que se mudó a Düsseldorf dos años después. Aquí fue nombrado director de la Escuela de Artes y Oficios y consejero artístico de la Compañía General de Electricidad. En 1907 abrió su propio despacho, en el que trabajaron durante los siguientes cuatro años arquitectos de reconocida influencia como Walter Gropius, Adolf Meyer, Ludwig Mies Van der Rohe y Le Corbusier. En 1936 asumió la dirección del departamento de Arquitectura de la Academia de las Artes de Prusia.

Alexander Graham Bell (Edimburgo, 3 marzo 1847-Beinn Bhreagh, Canadá, 2 agosto 1922). Científico e inventor celebérrimo. Abandonó sus estudios en la Royal High School de Edimburgo con quince años de edad. Se autoformó con ayuda de su abuelo en Londres. Con diecisiete años se matriculó en la Universidad de Edimburgo y aunque se graduó unos años después en la Universidad de Toronto, su formación fue básicamente autodidacta.

Alexander Graham Bell.

Adolfo Bellocq (Buenos Aires, 2 marzo 1899-Buenos Aires, 3 marzo 1972). Pintor y grabador de fama internacional. Aprendió dibujo y pintura en su adolescencia y viajó a Europa en dos ocasiones (1922 y 1935). Obtuvo la medalla de plata de la Exposición Internacional de París de 1937.

David Ben-Gurión (Płońsk, Polonia, 16 octubre 1886-Ramat Gan, Israel, 1 diciembre 1973). Primer ministro de Israel entre 1948 y 1953, y entre 1955 y 1963. Nacido en una aldea de la Polonia del Congreso, unida al Imperio ruso, estudió en una escuela fundada por su propio padre. No fue a la universidad y se dedicó a la política desde muy joven, primero en Varsovia y luego en Palestina.

Francis Bender (Filadelfia, 16 junio 1941-Filadelfia, 28 julio 2011). Artista plástico. Autor de varias esculturas, como el Monumento Nacional African Burial Ground de Nueva York, pero su fama se debe a su labor como artista forense y su aparición como protagonista en varios libros, como *The Murder Room*, de Michael Capuzzo. Para mejorar sus habilidades de escultura, el médico forense de Filadelfia le permitió estudiar algunos de los cadáveres de desconocidos. Al ver su destreza, le pidió que realizara reconstrucciones faciales tridimensionales en arcilla, que luego pasó a hacer también para el FBI de fugitivos basándose en viejas fotografías. Trabajó en la mexicana Ciudad Juárez para reconstruir los rostros de ocho mujeres asesinadas. Gracias a su labor, tres fueron identificadas. Ted Botha lo contó en su libro *La chica de la nariz torcida* (2009). Su caso de reconstrucción más célebre fue el del asesino John Emil List, capturado gracias al retrato de Bender publicado en *America's Most Wanted* tras llevar décadas huido con identidad falsa. No cursó estudios superiores (solo fue un semestre a la

Academia de Bellas Artes de Pensilvania) y empezó trabajando como fotógrafo.[186]

Oreste Berta (Rafaela, Argentina, 29 septiembre 1938). Empresario e ingeniero automovilista. A los quince años de edad abandonó los estudios para dedicarse a su pasión: la mecánica de motores automovilísticos. Gracias a una beca viajó por Estados Unidos especializándose en la preparación y mantenimiento de motores de las marcas Ducati y Cucciolo. Con veintiséis años regresó a Argentina, donde preparó un Renault Dauphine para la competición de Turismo Carretera. Al año siguiente fue contratado como director del equipo oficial de Turismo Carretera de IKA (Industrias Káiser Argentina), con el que ganó los campeonatos de varios años consecutivos. Creó su empresa Oreste Berta S.A., con la que colaboró con los equipos automovilísticos de Renault y Ford. Ha recibido títulos de *honoris causa* de las universidades de Córdoba, San Juan y Tecnológica Nacional.

Kateryna Bilokur (Bogdanivka, Ucrania, imperio ruso, 7 diciembre 1900- Bogdanivka, República socialista soviética de Ucrania, 10 junio 1961). Pintora de fama internacional. Sus padres eran campesinos. No fue a la escuela. Dibujaba y pintaba a escondidas, fabricándose sus propias herramientas. Con veintidós años intentó ingresar en el colegio de arte de la cerámica de Myrhorod y con veintiocho en el colegio teatro de Kiev, pero no fue admitida porque no contaba con el certificado que demostrara siete años de estudios. Tras la II Guerra Mundial comenzó a pintar intensamente, exponiendo en el Museo Nacional de Arte Decorativo de Ucrania. En 1951 recibió la

186 FOX, Margarit. «Frank Bender, "recompositor" de *Faces of the Dead*, muere a los 70 años». *The New York Times, https://www.nytimes.com/2011/07/31/us/31bender.html*

medalla de Artista de Honor de Ucrania y en 1956 fue distinguida como Artista del Pueblo de la República socialista soviética de Ucrania.

Kateryna Bilokur.

Helen Blanchard (Portland, EE. UU., 25 octubre 1840-Providence, EE. UU., 12 enero 1922). Empresaria e inventora. Cuando tenía veinticinco años, su padre, que era armador, se arruinó y se vio obligado a vender la finca familiar. Poco después él murió y Helen se trasladó a Boston, donde patentó entre 1873 y 1875 varios inventos suyos relacionados con las máquinas de coser, como una que cosía en zigzag, de manera que cada puntada sellaba los bordes sin rematar de una costura, lo que hacía que las prendas fueran más resistentes. Desarrolló otras técnicas de costura y sobrecostura, y se mudó a Filadelfia, donde fundó Blanchard Overseaming Company para comercializar sus inventos. Más tarde se fue a Nueva York, donde continuó patentando inventos relacionados con la costura de sombreros y un sacapuntas. Recuperó en 1901 la propiedad que había sido de sus padres en Portland. Registró veintiocho patentes.

Jakob Böhme (Alt-Seidenberg, Alemania, 24 abril 1575-Görlitz, Alemania, 17 noviembre 1624). Filósofo y teólogo. Influyó notablemente en filósofos como Hegel y Schelling. De familia campesina, se dedicó a la labranza y luego a trabajar como zapatero ambulante. Se estableció en su ciudad natal, donde abrió una zapatería y después un comercio de hilos. Sin ningún estudio académico previo, pero con una cultura proveniente de la lectura, especialmente de las obras de Paracelso, Eckhart y Erhard Weigel, escribió en 1612 *Die Morgenröthe im Aufgang (El amanecer está surgiendo* o *Aurora).* Le siguieron veintidós obras más publicadas entre 1619 y 1624. Su influencia se manifestó tanto en la mística como en la filosofía.

George Boole (Lincoln, Inglaterra, 2 noviembre 1815-Ballintemple, Irlanda, 8 diciembre 1864). Matemático. Es considerado como uno de los fundadores del campo de las ciencias de la computación por ser el inventor del *álgebra de Boole,* que marca los fundamentos de la aritmética computacional moderna. Recibió sus primeras lecciones de matemáticas de su padre. Fundó su propia escuela de enseñanza elemental. Doctor *honoris causa* por la Universidad de Dublín y la Universidad de Oxford. Fue elegido miembro de la Royal Society en 1957. Un cráter en la Luna y un asteroide llevan su nombre.

Alicia Boole Stott (Cork, Irlanda, 8 junio 1860-Highgate, Inglaterra, 17 diciembre 1940). Matemática conocida por su aportación a la geometría en cuatro dimensiones. Tercera hija de George Boole, tenía cuatro años cuando murió este. Desde niña le gustaba construir cubos de cartón de distintos colores. Trabajó como secretaria en Liverpool. La Universidad de Groninga le otorgó un doctorado *honoris causa* en 1914.

Jorge Luis Borges (Buenos Aires, 24 agosto 1899-Ginebra, 14 junio 1986). Escritor de fama internacional. Con cuatro años de edad sabía leer y escribir. Muchos años después contaría que «si tuviera que señalar el hecho capital de mi vida, diría la biblioteca de mi padre. En realidad, creo no haber salido nunca de esa biblioteca». Aprendió inglés con una institutriz británica y fue a un colegio público entre los nueve y trece años. Fue una experiencia traumática, según recordaría siempre, porque sus compañeros se burlaban de él, sobre todo porque era tartamudo. Con quince años se mudó con su familia a Suiza. Aprendió el francés y cursó el bachillerato en el Liceo Jean Calvin de Ginebra. Con la única ayuda de un diccionario aprendió por sí mismo el alemán. Después de viajar por Europa, regresó a Argentina en 1921, trabajando de bibliotecario y profesor de literatura inglesa mientras comenzaba a publicar sus obras. La primera fue el poemario *Fervor de Buenos Aires*, editado en 1923. A los 55 años quedó ciego a causa de una enfermedad hereditaria que también afectó a su padre.

Juan Bosch (La Vega, República Dominicana, 30 junio 1909-Santo Domingo, 1 noviembre 2001). Juan Emilio Bosch Gaviño fue escritor y presidente de la República Dominicana en 1963. Solo llegó a estudiar hasta el tercer nivel de bachillerato en el colegio San Sebastián de su localidad natal. Con quince años de edad se trasladó a Santo Domingo, donde trabajó de vendedor. Cinco años después viajó a España, Venezuela y otros países caribeños. Especializado en el género del cuento, publicó su primer libro en 1933, dos años después de regresar a la República Dominicana.

Nathaniel Bowditch (Salem, EE. UU., 26 marzo 1773-Boston, 16 marzo 1838). Matemático. Considerado fundador de la navegación marítima moderna. Con diez años de edad dejó la escuela para ayudar a su padre tonelero. Entre los doce y veintiún años trabajó como contable para un empresario marítimo. Con catorce empezó a estudiar álgebra por su cuenta. También aprendió latín y francés. Un paisano corsario le permitió consultar cuantas veces quiso la biblioteca que llevó a Salem y que había pertenecido al químico irlandés Richard Kirwan. Realizó numerosos viajes como capitán de barco. La Universidad de Harvard le premió con el grado honorario de Maestro de las Artes tras la publicación en 1802 de su libro *The American Practical Navigator*, que actualmente sigue consultándose a bordo de los buques estadounidenses.

David Bowie (Londres, 8 enero 1947-Nueva York, 10 enero 2016). Cantante, músico y actor. Nacido David Robert Jones. Estudió en varios colegios, como el Burnt Ash Junior y el Ravens Wood School, pero desde niño aprendió a bailar, cantar y tocar varios instrumentos musicales sin apenas ayuda. Formó su primera banda a los quince años y abandonó la escuela un año después. Su primer disco comercial, *Liza Jane/Louie Go Home*, salió en junio de 1964 con el nombre de Davie Jones junto con la banda *The King Bees*. Tres años después sacó su primer álbum como David Bowie. Su primer éxito fue *Space Oddity*, disco editado en 1969. Solo recibió algunas lecciones de canto en la década de 1960 y tomó unas pocas lecciones sobre saxofón de Ronnie Ross. Los demás instrumentos (piano, guitarra, armónica, percusión) los aprendió totalmente por su cuenta.

Frank Ellis y Charles Lawrence Boynton (Hyde Park, EE. UU., 10 julio 1859-Old Fort, EE. UU., 10 diciembre 1942 y Vineland, EE. UU., 7 febrero 1864-Lodi, EE. UU., 16 septiembre 1943). Botánicos.

Considerados unas autoridades en la descripción y clasificación científica de los vegetales. No tenían formación formal en botánica. Empezaron su carrera en este campo en Carolina del Norte, donde trabajaron como guías para el ornitólogo William Brewster, el botánico Charles Sprague Sargent y el herbario Biltmore de Vanderbilt. Aunque nunca publicaron sus estudios, muchos autores han incorporado sus datos en sus trabajos. Solo del taxón de los fanerógamos hay diecisiete tipos de plantas registradas por Frank Ellis Boynton, descubiertas entre 1901 y 1903.

Ray Bradbury (Waukegan, EE. UU., 22 agosto 1920-Los Ángeles, 5 junio 2012). Escritor. Uno de los autores de ciencia ficción más famosos de la historia. Se mudó con su familia a California en 1934. Se graduó en 1938 en Los Ángeles High School, pero no pudo ir a la universidad por razones económicas. Vivió vendiendo periódicos y autoformándose durante diez años yendo tres días a la semana a la biblioteca pública, donde leía y escribía. Su primer éxito comercial fue la recopilación de cuentos *Crónicas marcianas*, publicada en 1950. Tres años después fue editada su primera novela, *Fahrenheit 451*.

Richard Branson (Londres, 18 julio 1950). Empresario. Fundador del Grupo Virgin, con más de 360 empresas de éxito. Fue a la Scaitcliffe School hasta los trece años y luego se matriculó en la Stowe School, que abandonó a los dieciséis porque sufría dislexia. Fundó entonces la revista *Student*. Durante cuatro años se dedicó a vender discos por correo y por fin abrió una tienda en Oxford Street, lanzando el sello discográfico Virgin Records. En 2023, la revista *Forbes* calculaba su fortuna en 2900 millones de dólares.

Robert Browning (Camberwell, Inglaterra, 7 mayo 1812-Venecia, 12 diciembre 1889). Poeta y dramaturgo. Autor del poema *The Ring and the Book*, publicado en 1868 en cuatro volúmenes y con una extensión de más de veinte mil versos. Se educó en la biblioteca de su padre. Con catorce años hablaba con fluidez inglés, francés, italiano, griego y latín. Con dieciséis años asistió al University College de Londres, pero abandonó tras el primer curso.

Josef Brunnthaler (Viena, 20 diciembre 1871-Viena, 18 agosto 1914). Botánico especializado en algas de agua dulce. Fue empleado de banca y bibliotecario hasta que en 1905 organizó una exhibición botánica en asociación con el Congreso Internacional de Botánica. Tres años más tarde fue nombrado curador del Instituto de Botánica de la Universidad de Viena. Entre 1909 y 1911 participó en varias expediciones por Europa y África.

Barry Byrne (Chicago, 19 diciembre 1883-Chicago, 18 diciembre 1967). Arquitecto. Con diecisiete años entró como aprendiz en el estudio de Oak Park del arquitecto Frank Lloyd Wright. Con veinticinco años se trasladó a Seattle para cofundar la firma Willatzen & Byrne. Aunque los firmó Willatzen, Byrne realizó doce proyectos en aquellos años. Cuando esta empresa se disolvió marchó a California y en 1914 regresó a Chicago, donde se hizo cargo de la empresa de Walter Burley Griffin, bajo cuya firma diseñó una casa en Mason City. A partir de entonces, practicó bajo su propio nombre en Nueva York, Chicago y otras ciudades, firmando un total de 24 diseños de edificaciones entre 1914 y 1962, incluidas nueve iglesias y un cementerio.

James Cameron (Kapuskasing, Canadá, 16 agosto 1954). Director, guionista y productor de cine. En 1971 se trasladó con su familia a California. En 1973 se matriculó en el Fullerton College para estudiar física, aunque abandonó poco después estos estudios para empezar literatura inglesa, que abandonó también al año siguiente. Trabajó en varios oficios mientras se dedicaba a la escritura y a filmar con una cámara de 16 mm. Empezó en la industria del cine como técnico en efectos especiales. Aprendió a crear efectos especiales de manera autodidacta: «Iba a la biblioteca de la Universidad del Sur de California y consultaba cualquier tesis que los graduados hubieran escrito sobre impresión óptica, proyección cinematográfica o transferencia de colorantes, lo que fuera sobre tecnología del cine. Me sentaba a leerlo y si me dejaban fotocopiarlo, lo hacía, y si no, tomaba notas», dijo en una entrevista que concedió en 2015.

María Cano (Medellín, Colombia, 12 agosto 1887-Medellín, 26 abril 1967). Cofundadora del Partido Socialista Revolucionario, fue la primera mujer líder política en Colombia. Su formación primaria fue orientada por su padre. Colaboró con varias publicaciones y organizó en 1924 una biblioteca popular gratuita. Recorrió todo el país defendiendo los derechos de la clase trabajadora y, especialmente, de las mujeres. Fue proclamada por los obreros como *la flor del trabajo*.

Truman Capote (Nueva Orleans, 30 septiembre 1924-Los Ángeles, 25 agosto 1984). Su nombre de nacimiento era Truman Streckfus Persons. Adoptó el segundo apellido del segundo esposo de su madre, un empresario canario que vivía en Cuba. Escritor famoso tanto por el éxito de sus novelas y obras de teatro como por las adaptaciones de muchas de ellas al cine y la televisión. Empezó a escribir en la infancia para mitigar el aislamiento que sufría al vivir en granjas. Ya en Nueva York, estudió en el Trinity School y en la Sta. John's Academy, pero no fue a la universidad. Con diecisiete años empezó a trabajar en la revista *The New Yorker* y con veintiuno publicó varios relatos cortos. Su primera novela, *Otras voces, otros ámbitos*, fue editada en 1946.

Andrew Carnegie (Dunfermline, Escocia, 25 noviembre 1835-Lenox, EE. UU., 11 agosto 1919). Empresario y filántropo. Emigró joven a Estados Unidos. Empezó como radiotelegrafista. Fue gerente con veinte años de la compañía ferroviaria Pennsylvania Railroad, creó la Carnegie Steel Company y más adelante, fusionándose con la empresa de Elbert H. Gary, constituyeron la U.S. Steel, formando un verdadero imperio del acero.

Howard Carter (Londres, 9 mayo 1874-Londres, 2 marzo 1939). Arqueólogo. Famoso por su descubrimiento de la tumba de Tutankamón. Fue poco tiempo al colegio debido a su delicada salud. Con diecisiete años fue a Egipto como miembro de la Egypt Exploration Society. Colaboró con los egiptólogos W. Flinders Petrie en la excavación de Tell el-Amarna y Édouard Naville en Deir el-Bahari. En 1899 fue designado inspector jefe del departamento de Antigüedades del Gobierno egipcio. Descubrió las tumbas del faraón Tutmosis IV y de la reina Hatshepsut. Pero la fama internacional la alcanzó con el descubrimiento en 1922 de la tumba del faraón Tutankamón.

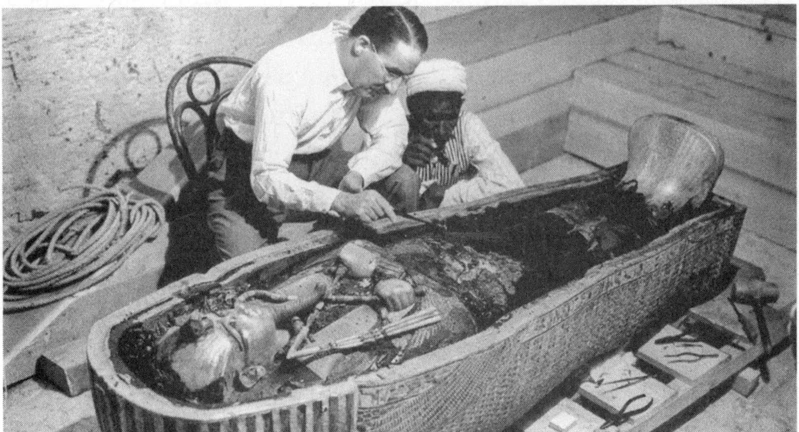

Howard Carter examinando la momia de Tutankamón.

José Abel Castillo (Ambato, Ecuador, 17 noviembre 1854-Guayaquil, 22 junio 1940). Político y periodista. De familia humilde, se autoeducó leyendo libros que compraba con lo que ganaba trabajando en varios oficios. Combatió con el ejército liberal en 1883 y firmó el acta de pronunciamiento del 5 de junio de 1895 tras la Revolución Liberal. Reactivó en 1896 el diario *El Telégrafo*, del que fue su director en 1897 y su propietario en 1899.

Camilo José Cela (Iria Flavia, España, 11 mayo 1916-Madrid, 17 enero 2002). Escritor. Premio Nobel de Literatura en 1989. Estudió siendo niño en el colegio de los Escolapios de Madrid, de donde fue expulsado por tirar un compás a un profesor. También fue expulsado por organizar una huelga del colegio de los maristas. Después de recuperarse de tuberculosis, aprobó los exámenes de estudios secundarios en el madrileño Instituto San Isidro. Inició la carrera de medicina, aunque le atraía más la literatura y asistir a las tertulias literarias que a las aulas universitarias. Después de la Guerra Civil comenzó a estudiar derecho, al tiempo que trabajaba de oficinista y escribía su primera novela, *La familia de Pascual Duarte*, editada en 1942, cuyo éxito le animó a dejar definitivamente la universidad y dedicarse profesionalmente a la literatura. Fue elegido miembro de la Real Academia Española.

Giacinto Cestoni (Montegiorgio, Italia, 13 mayo 1637-Livorno, 29 enero 1718). Biólogo, botánico y entomólogo. Demostró cuál era el origen de la sarna. Dejó la escuela cuando tenía once años y entró como dependiente en una botica. Trabajó en una farmacia romana y con diecinueve años se estableció en Livorno, donde trabajó en una botica antes de emprender viajes por Marsella, Lyon y Ginebra. Regresó a Livorno en 1666 y regentó su propia botica. Pese a no tener calificaciones académicas, escribió numerosos estudios que fueron publicados en su mayor parte por su amigo Antonio Vallisneri.

Raymond Chandler (Chicago, 23 julio 1888-La Jolla, EE. UU., 26 marzo 1959). Célebre escritor especializado en novela negra. Se trasladó siendo niño con su madre a Inglaterra. Estudió durante cinco años en el Dulwich College de Londres. Con diecisiete años viajó por Francia y Alemania hasta 1907. Trabajó como reportero en varios periódicos y en 1912 regresó a Estados Unidos, instalándose en California. Empezó su aprendizaje literario imitando a los escritores que admiraba, como Hemingway, Hammett y Erle Stanley Gardner. Tenía 51 años cuando fue publicada su primera novela, *El sueño eterno.*

Coco Chanel (Saumur, Francia, 19 agosto 1883-París, 10 enero 1971). Famosa diseñadora de moda. Fundadora de la marca Chanel. Su nombre era Gabrielle. Criada en un orfanato de monjas, empezó a trabajar muy joven en una sastrería de Moulins y a cantar en un cabaret, donde la apodaron Coco. En 1908 fue a vivir a París, donde su amante inglés financió sus primeras tiendas.

Blanca Charolet (Chahuites, México, 1953). Fotógrafa. Primera mujer fotoperiodista en trabajar para diarios mexicanos. Comenzó en la fotografía trabajando cuando tenía trece años en el estudio de su tío Ruperto Charolet. Este le enseñó lo básico de las cámaras con fuelle, pero después su aprendizaje fue autodidacta. Entre 1973 y 1976 trabajó como fotógrafa en la revista *Avance* y el periódico *El Universal.* A partir de entonces ha ido desarrollando una importante labor en la mejora de las imágenes artísticas.

Guillaume Chaye (París, 1956-Vannes, Francia, 2013). Ceramista. Se inició en la litografía en 1974 tras formarse en un taller parisino, donde trabajó hasta 1986, renovando su labor a través de los diversos viajes que realizó a Norteamérica y Afganistán. Descubrió el arte de la cerámica en Barcelona en 1987, aprendiendo por su cuenta la técnica llamada *placa*, con la que modeló animales humanizados. Sus obras están incluidas en colecciones privadas de todo el mundo.

Gilbert Keith Chesterton (Londres, 29 mayo 1874-Beaconsfield, Inglaterra, 14 junio 1936). Escritor, filósofo y periodista. Su personaje más famoso es el padre Brown, un sacerdote detective que aparece en más de medio centenar de historias reunidas en cinco volúmenes, publicados entre 1911 y 1935. Estudió en varios colegios y se matriculó en la University College de Londres, pero la abandonó sin acabar sus estudios para dedicarse a trabajar en diferentes periódicos. Describió en su autobiografía el sistema educativo como «ser instruido por alguien que yo no conocía, acerca de algo que no quería saber».

Agatha Christie (Torquay, Inglaterra, 15 septiembre 1890-Wallingford, Inglaterra, 12 enero 1976). Agatha Mary Clarissa Miller fue una famosa escritora especializada en el género policíaco. Está considerada como la novelista que más ha vendido y cuya obra más ha sido traducida, a 103 idiomas como mínimo. Recibió una educación privada hasta su adolescencia y estudió en diversos institutos de París. Escribió su primera novela mientras trabajaba como enfermera durante la Primera Guerra Mundial. Gran lectora desde niña, sus autores favoritos eran Dickens, Conan Doyle, G.K. Chesterton, Walter Scott, John Milton, Alejandro Dumas, Jane Austen y Allan Poe.

Agatha Christie.

Winston Churchill (Woodstock, Inglaterra, 30 noviembre 1874-Londres, 24 enero 1965). Político famoso. Primer ministro del Reino Unido entre 1940-1945 y 1951-1955. Fue un estudiante mediocre, tanto en el internado de St. George's School en Ascot, donde ingresó con siete años, como en el Brunswick School en Hove y en la escuela Harrow. Después de dos intentos fallidos de ser admitido en la Real Academia Militar de Sandhurst, lo logró en su tercer intento ante la insistencia de su padre en septiembre de 1893. Año y medio después fue enviado a su primer destino como segundo teniente del regimiento de Húsares. Además de su formidable carrera política, fue un escritor prolífico y un gran aficionado a la pintura. Como historiador autodidacta escribió numerosos ensayos en las categorías de biografías y narrativa. Recibió el Premio Nobel de Literatura en 1953.

Joseph Conrad (Berdyczow, Ucrania, Imperio ruso, 3 diciembre 1857-Bishopsbourne, Inglaterra, 3 agosto 1924). Escritor. Considerado uno de los más grandes novelistas de la literatura inglesa, pese a que no aprendió el inglés hasta los veintiún años. Nació en el seno de una familia de habla polaca. Al quedar huérfano se trasladó a Leópolis y luego a Cracovia, donde estudió secundaria. Con diecisiete años viajó a Italia y Francia, enrolándose como marinero. En 1878 llegó a Inglaterra, donde leyó a Shakespeare mientras trabajaba como marinero. Tras obtener la nacionalidad británica obtuvo el título de capitán de la marina mercante. Viajó por casi todo el mundo. En 1895 publicó su primera novela y en 1899 la que probablemente sea su obra maestra, *El corazón de las tinieblas.*

James Croll (Wolfhill, Escocia, 2 enero 1821-Perth, Escocia, 15 diciembre 1890). Científico. Desarrolló la teoría de los efectos de las variaciones de la órbita terrestre en ciclos climáticos. Nacido en una granja, con dieciséis años empezó a trabajar como aprendiz de carretero. Luego sería director de un hotel en Blairgowrie y agente de seguros en Glasgow, Edimburgo y Leicester. Con 38 años logró un puesto de conserje en la Universidad de Strathclyde, en Glasgow, donde estudió por su cuenta física astronomía y geología. En 1864 publicó en la prestigiosa revista científica *Philosophical Magazine* su teoría del cambio climático sobre la base de los cambios en la órbita terrestre y poco después pasó a desempeñar el puesto de conservador de mapas y de la correspondencia en la oficina del Servicio Geológico de Escocia, en Edimburgo. Autor de siete libros, fue elegido miembro de la Royal Society en 1876.

Charles Darwin (Shrewsbury, Inglaterra, 12 febrero 1809-Downe, Inglaterra, 19 abril 1882). Naturalista. Uno de los científicos más influyentes de la historia y fundador de la idea de la evolución biológica a través de la selección natural. Con dieciséis años ingresó en la Universidad de Edimburgo para estudiar medicina, carrera que abandonó después de dos cursos. Su padre lo convenció entonces para que ingresara en el Christ's College de Cambridge para convertirse en clérigo, pero tampoco acabaría la carrera eclesiástica. En Cambridge conoció al botánico y entomólogo John Henslow, a cuyas clases acudió con entusiasmo. En abril de 1831 acompañó a Henslow en una expedición al norte de Gales. Animado por este, zarpó el 27 de diciembre de 1831 a bordo del *Beagle* en el famoso viaje del que extrajo conocimientos y experiencias que le sirvieron para publicar posteriormente su obra fundamental, *El origen de las especies por medio de la selección natural, o la preservación de las razas favorecidas en la lucha por la vida*, editada en 1859.

Charles Darwin.

Michael Dell (Houston, 23 febrero 1965). Empresario. Fundador y CEO de Dell Inc. Fue a la escuela primaria Herod Elementary School y con quince años obtuvo su primer ordenar portátil, Apple II, que desmontó para ver cómo funcionaba. Se matriculó en la Universidad de Texas en Austin, pero la abandonó para dedicarse, con diecinueve años, a mejorar ordenadores y venderlos, fundando la empresa PC Limited, que dos años después facturaba 85 millones de dólares anuales en venta de ordenadores personales. Cambió el nombre de su compañía por Dell Computer Corporation. En febrero de 2023, su fortuna ascendía a algo más de 55 millones de dólares.

James Derham (Filadelfia, 2 mayo 1762-¿1802?). Médico. Nació en esclavitud. Su primer amo, John Kearsley Jr., que era médico, le animó a estudiar medicina, para lo que aprendió a leer y escribir de manera autodidacta. Cuando tenía quince años murió Kearsley y fue vendido a otros médicos, llegando finalmente a Nueva Orleans, donde fue comprado por el doctor Robert Dove, con quien trabajó como enfermero. Cuando cumplió los veintiún años, Dove le concedió la libertad y le prestó ayuda financiera para que pudiera abrir su propio consultorio médico. Aprendió francés y español, lo que le ayudó a incrementar su clientela. En el año 1788 ganó más de 3000 dólares, una verdadera fortuna para la época. Durante la epidemia de fiebre amarilla que padeció Nueva Orleans en 1789, solo se le murieron once pacientes, salvando la vida a cientos. Regresó a Filadelfia animado por el doctor Benjamín Rush y se convirtió en un experto en enfermedades de la garganta. Pero en 1801 hubo de abandonar la práctica de la medicina porque fue promulgada una ley que regulaba la profesión, haciendo imprescindible para ejercerla la obtención de un título tras pasar por la universidad. Desapareció en 1802. Fue el primer afroamericano en ejercer la medicina en los Estados Unidos.

James Derham.

Philip K. Dick (Chicago, 16 diciembre 1928-Santa Ana, EE. UU., 2 marzo 1982). Célebre y premiado escritor de ciencia ficción. No finalizó sus estudios en la Universidad de California en Berkeley. Entre 1948 y 1952 trabajó vendiendo discos, hasta que publicó su primera novela corta.

Walt Disney (Chicago, 5 diciembre 1901-Burbank, EE. UU., 15 diciembre 1966). Empresario y productor de cine. Pionero de la industria de la animación. Aficionado desde niño al dibujo, Walter asistió durante cierto tiempo a clases nocturnas en la Academia de Bellas Artes de Chicago, pero no llegó a diplomarse. En julio de 1923 se trasladó a Hollywood, donde fundó con su hermano Roy el Disney Brothers Studio, germen de la posterior y exitosa The Walt Disney Company.

John Francis y Horacio Elgin Dodge (Niles, EE. UU., 25 octubre 1864-Nueva York, 14 enero 1920 y Niles, 17 mayo 1868-Palm

Beach, 10 diciembre 1920). Su padre se ganaba la vida como maquinista, por lo que la familia se mudaba con frecuencia durante la niñez de ambos hermanos. Hasta 1886, en el que se establecieron en Detroit, donde los jóvenes de veintiún y diecinueve años empezaron a trabajar (el mayor de vendedor y el menor de mecánico) para varios talleres. En 1896 se unieron con Frederick Evans para crear una empresa de fabricación de bicicletas, que tuvo un gran éxito de ventas gracias a un invento de Horacio, los rulemanes. En 1900 abrieron su propia fábrica de piezas para el automóvil. Uno de sus clientes fue Henry Ford, quien a veces les pagaba con acciones de su compañía; así se hicieron con el 10 % de la empresa de Ford, en la que John Francis fue vicepresidente. En 1910 construyeron una nueva planta en Hamtramck, en la que emplearon a doscientos trabajadores. En 1913 dejaron de trabajar para Ford y al año siguiente fundaron la Dodge Brothers Motor Car Company, con la que desarrollaron su propia línea de automóviles.

Kelvin Doe (Freetown, Sierra Leona, 26 octubre 1996). Ingeniero. De niño aprendió a fabricar aparatos electrónicos con chatarra. Con diez años de edad, por las tardes al salir del colegio pasaba por un vertedero para recoger toda clase de desechos tecnológicos que vendía después de intentar repararlos. Habitual visitante de la biblioteca de su escuela, se sirvió de lo leído en unos viejos libros de ingeniería para fabricar una pila con la que dar energía a sus experimentos, pues en su casa solo había luz eléctrica unas pocas horas a la semana. Después creó su propio generador eléctrico. Con catorce años fabricó su propia emisora de radio y después una mesa de mezclas, con la que transmite música y noticias con el nombre de DJ Focus. Con diecisiete años fue invitado a ir a Estados Unidos para visitar el Instituto Tecnológico de Massachusetts, donde compartió su experiencia con ingenieros y estudiantes. Lo mismo hizo en la

Universidad de Harvard. También visitó Canadá, donde asistió a clases de ingeniería en el Prince of Wales College. En mayo de 2013 firmó un pacto de asociación para un proyecto de energía solar en su país valorado en 100.000 dólares con la empresa de servicios de alta velocidad Sierra WIFIZ. Tiene su propia empresa de diseño y venta de productos electrónicos de consumo, K-Doe Tech Inc.

Kelvin Doe.

Jack Dorsey (San Luis, EE. UU., 19 noviembre 1976). Empresario. Cofundador de Twitter. Interesado en programas de desarrollo de software desde los trece años de edad, se formó en el instituto Bishop DuBourg High School. Después de pasar por la Universidad de Ciencia y Tecnología de Misuri, fue a la Universidad de Nueva York, pero la abandonó para dedicarse a la creación de una mensajería instantánea de mensajes cortos por internet. En 2006 cofundó Twitter Inc., que en 2022 fue comprada por Elon Musk y pasó a llamarse X.

Thomas Alva Edison (Milan, EE. UU., 11 febrero 1847-West Orange, EE. UU., 18 octubre 1931). Inventor, científico y empresario. Registró más de mil patentes. Fundador de la General Electric. Fue expulsado de la escuela a los tres meses de ingresar con ocho años y medio de edad, por ser un alumno «estéril e improductivo». Su madre le impartió una enseñanza básica y él se autoformó leyendo todo tipo de libros, especialmente de ciencias, y experimentando en un laboratorio que instaló en un vagón vacío. Su primer trabajo, con quince años, fue de telegrafista.

Thomas Alva Edison.

John Edmonstone (Demarara (¿?), Guyana británica (¿?)-(¿?). Siendo esclavo en una plantación de Demarara, en la Guyana británica, propiedad de Charles Edmonstone (1793-1822), aprendió taxidermia (especialmente de pájaros) de Charles Waterton (1782-1965), yerno de su amo, naturalista y explorador. Tras ser liberado marchó a Glasgow junto con Waterton, empleándose en un museo. Luego se mudó para trabajar en el museo de Edimburgo, donde enseñó taxidermia a algunos alumnos de la universidad, entre los que estaba Charles Darwin, a quien le habló del bosque húmedo tropical sudamericano. Waterton mencionó a John en su libro *Andanzas por Sudamérica, el noroeste de Estados Unidos y las Antillas en los años 1812, 1816, 1820 y 1824 con instrucciones originales para la perfecta conservación de las aves & c. para armarios de historia natural*, publicado en 1825, y Darwin, en *El origen del hombre* (1871), habla de un negro que conoció en Edimburgo, «que había viajado con Waterton y se ganaba la vida disecando pájaros, lo que hacía excelentemente: me daba lecciones a cambio de un pago, y solía sentarme con él a menudo, porque era un hombre muy agradable e inteligente». Darwin tenía dieciséis años y le pagó una guinea por una hora todos los días durante dos meses. Estas instrucciones le sirvieron para conservar los animales que transportaría en sus viajes a bordo del *Beagle*. No se sabe el lugar ni la fecha exacta de su nacimiento. Tampoco dónde y cuándo murió, puesto que no se ha encontrado rastro de él después de 1843.

Harlan Ellison (Cleveland, EE. UU., 27 mayo 1934-Los Ángeles, 28 junio 2018). Escritor. Autor de más de 1700 cuentos, novelas, guiones y ensayos. Ganador de premios tan prestigiosos de la literatura fantástica como Hugo, Nébula y Edgar. Se matriculó en la Universidad Estatal de Ohio en 1951, pero fue expulsado al cabo de dieciocho meses por golpear a un profesor que criticaba su escritura. Se dice que durante los siguientes cuarenta años le envió una copia de cada trabajo que publicó.

Lawrence Joseph Ellison (Nueva York, 17 agosto 1944). Empresario, informático y cofundador de la empresa Oracle. Según la revista *Forbes*, en 2023 ocupaba el 4.º puesto entre las mayores fortunas personales del mundo. Hijo de madre soltera, fue criado en Chicago por sus tíos, que lo adoptaron. No terminó el segundo curso en la Universidad de Illinois y también abandonó la Universidad de Chicago sin finalizar los estudios de ciencia de la computación. Con veinte años se trasladó a California, donde trabajó en varias empresas de electrónica.

Michael Faraday (Newington Butt, Inglaterra, 22 septiembre 1791-Hampton Court, Inglaterra, 25 agosto 1867). Uno de los científicos más influyentes de la historia, descubridor de la inducción electromagnética, el diamagnetismo y la electrólisis. Su madre lo sacó del colegio cuando era niño porque la maestra se burlaba de él porque no pronunciaba bien la erre. Durante los siete años que estuvo de aprendiz con un encuadernador y vendedor de libros estudió las obras de ciencia que pasaban por sus manos, especialmente las dedicadas al fenómeno eléctrico.

Howard Fast (Nueva York, 11 noviembre 1914-Connecticut, 12 marzo 2003). Escritor prolífico, autor de numerosas novelas, colecciones de relatos, poemas, obras de teatro y ensayos, siendo su obra más conocida *Espartaco*, que escribió mientras estaba encarcelado por negarse a denunciar a sus compañeros del Partido Comunista de los Estados Unidos ante el Comité de Actividades Antiamericanas. De joven fue vendedor de periódicos y se autoformó leyendo en la biblioteca pública de Nueva York. Publicó su primera novela a los dieciocho años de edad. Aprendió a jugar al ajedrez con su hermana cuando tenía seis años siguiendo las instrucciones de un juego comprado en una tienda de golosinas.

William Faulkner (New Albany, EE. UU., 25 septiembre 1897-Byhalia, EE. UU., 6 julio 1962). Escritor. Premio Nobel de Literatura en 1949 y dos veces Premio Pulitzer. Se apellidaba en realidad Falkner. Su madre le enseñó a leer antes de enviarlo a la escuela pública. No consiguió graduarse en la escuela secundaria. Empezó a escribir poesía siendo adolescente. A los veintidós años se matriculó en la Universidad de Misisipi, pero la abandonó al año y medio. Escribió su primera novela, *La paga de los soldados*, en 1925. Su primer éxito literario llegó en 1929 con la publicación de su novela *El ruido y la furia*.

Bobby Fischer (Chicago, 9 marzo 1943-Reikiavik, 17 enero 2008). Robert James Fischer fue el ajedrecista más famoso de la historia. Campeón mundial de ajedrez. Ganó ocho veces el campeonato de ajedrez de Estados Unidos, la primera con ocho años de edad. A pesar de ser considerado un niño superdotado, con un coeficiente intelectual superior al de Einstein, no fue a la universidad.

Henry Ford (Dearborn, EE. UU., 30 julio 1863-Dearborn, 7 abril 1947). Famoso y acaudalado empresario fundador de la Ford Motor Company e inventor de las cadenas de producción. Nació en una granja y en el seno de una familia muy pobre. Se especializó en el manejo de una máquina de vapor portátil. Trabajó para las compañías Westinghouse y Edison antes de construir su propio automóvil en 1896. No estudió en ningún instituto ni universidad.

Benjamín Franklin (Boston, 17 enero 1706-Filadelfia, 17 abril 1790). Célebre político e inventor. Con veintitrés años editó su primer periódico, con el que se hizo rico. Entre otros inventos suyos están el pararrayos y las lentes bifocales. Fue el primer presidente de la Academia y Colegio de Filadelfia, que luego se convirtió en la Universidad de Pensilvania, y organizó y fue el primer secretario de la Sociedad Filosófica Estadounidense. Primer embajador estadounidense en Francia. Estudió en dos escuelas entre los ocho y los diez años. No pudo seguir sus estudios porque su padre no podía seguir costeándolos. Trabajó en la fábrica de velas y jabones de su padre y luego en una imprenta con su hermano.

Benjamín Franklin.

Peter Fraser (Hill of Fearn, Escocia, 28 agosto 1884-Wellington, Nueva Zelanda, 12 diciembre 1950). Primer ministro de Nueva Zelanda entre 1940 y 1949. Su asistencia a la escuela fue interrumpida a una edad temprana por la necesidad de contribuir al ingreso familiar. Trabajó como aprendiz de carpintero. Se trasladó a Londres en 1907, donde ingresó en el Partido

Laborista Independiente. Al no encontrar empleo, en 1911 emigró a Nueva Zelanda, donde trabajó como estibador en Auckland y continuó su carrera política y sindicalista. Elegido diputado en 1918, ocupó el cargo de ministro en tres ocasiones, antes de ser elegido primer ministro.

Jacque Fresco (Nueva York, 13 marzo 1916-Sebring, EE. UU., 18 mayo 2017). Autodidacta multidisciplinar, ciberingeniero. Trabajó como consultor de diseño para una compañía de helicópteros, ingeniero de investigación para la Raymond De-Icer de Los Ángeles, instructor de diseño industrial, consultor técnico para la industria cinematográfica, diseñador de casas prefabricadas. Inventó sistemas para aviones sin ruido ni contaminación, patentó un sistema nuevo de alas de avión que utilizó la Fuerza aérea de Estados Unidos, equipamientos quirúrgicos, etcétera. Fundó en 1985 el Proyecto Venus, organización que persigue eliminar la guerra y la pobreza, y recuperar el medio ambiente.

Galileo Galilei (Pisa, 15 febrero 1564-Florencia, 8 enero 1642). Astrónomo, ingeniero, matemático y físico. Considerado el padre de la astronomía moderna. Recibió enseñanza privada hasta los diez años y luego estudió en el convento de Santa María de Vallombrosa de Florencia. Su padre quiso que se matriculara en la Universidad de Pisa para que estudiase medicina, pero él descubrió su interés por las matemáticas a través de un amigo de la familia y abandonó la universidad al cuarto año y sin obtener el diploma de médico. De vuelta a Florencia, se dedicó al estudio de las matemáticas y la filosofía. Pretendió obtener un empleo en las universidades de Bolonia, Padua y Florencia, pero no lo consiguió. En 1590 publicó su primera obra, *De Motu*, aunque no era la primera que escribió, publicada póstumamente, *La bilancetta*. Su defensa del heliocentrismo fue condenada por la Inquisición.

Errol Garner (Pittsburgh, EE. UU., 15 junio 1921-Los Ángeles, 7 enero 1977). Pianista de jazz. Comenzó a tocar el piano de oído cuando tenía tres años de edad. Estudió en la High School Geroge Westinghouse, pero no se graduó y nunca aprendió a leer música, tocando siempre de memoria. Con siete años tocaba con el grupo *Candy Kids* en un programa radiofónico de la KDKA de Pittsburgh. Sus primeras grabaciones se hicieron a finales de 1944 y su primer disco, *Serenade to Laura*, apareció al año siguiente. Su discografía cuenta con 48 títulos; los cuatro últimos fueron editados póstumamente.

Bill Gates (Seattle, 28 octubre 1955). Empresario. Cofundador de Microsoft. En 1976 abandonó la Universidad de Harvard para cofundar con Paul Allen la empresa de software Microsoft en Alburquerque. En 2023, según la revista *Forbes*, poseía una fortuna de 104.000 millones de dólares.

Bill Gates.

Carl Friedrich Gauss (Braunschweig, Alemania, 30 abril 1777-Gotinga, Alemania, 23 febrero 1855). Matemático de gran prestigio e influencia. Autor de importantes teorías y avances en la aritmética, la estadística, el álgebra, la geometría diferencial, el magnetismo o la óptica. Hijo de familia humilde, fue un niño prodigio y autodidacta. Con catorce años el duque de Brunswick le pagó sus estudios en el Colegio Carolino, una escuela de élite. Después se matriculó, también con beca del buque, en la Universidad de Göttingen, pero la abandonó tres años después sin haberse graduado, siguiendo su formación de manera autodidacta.

Claudio Gay (Draguignan, Francia, 18 marzo 1800-Deffens, Francia, 29 noviembre 1873). Naturalista e historiador. Fue el primer director del Museo Nacional de Historia Natural de Chile. Sus padres, agricultores, lo enviaron a París para que estudiase medicina y farmacia, pero Claude se dedicó como aficionado a la botánica, hasta que fue contratado como colector del Museo de Historia Natural de París. Con veintiocho años comenzó a trabajar como profesor de geografía en Chile. Entre 1829 y 1841 hizo numerosos viajes, realizando los primeros estudios importantes de la flora, fauna, geología y geografía del país andino.

Sophie Germain (París, 1 abril 1776-París, 27 junio 1831). Matemática y física. Pionera de la teoría de elasticidad y autora del teorema de los números primos que lleva su nombre. Empezó a estudiar física con trece años en la biblioteca de su casa. También aprendió por su cuenta latín y griego antiguo. Utilizó el seudónimo masculino de Antoine Auguste LeBlanc.

Amadeo Giannini (San José, EE. UU., 6 mayo 1870-San Mateo, EE. UU., 3 junio 1949). Banquero. Inventor de muchas prácticas bancarias modernas, como la oferta de servicios a la clase media y no solo a la alta. Hijo de inmigrantes italianos, dejó de asistir al Heald College cuando tenía quince años de edad, dedicándose a trabajar como corredor de productos agrícolas en la empresa de su padrastro. Con 31 años comenzó a administrar el patrimonio de su suegro, convirtiéndose en director de Columbus Savings & Loan, que abandonó en 1904 para fundar su propio banco, el Bank of Italy, cuya principal clientela fueron los inmigrantes trabajadores que otros bancos no atendían. El éxito fue tan grande y rápido que abrió sucursales en muchas otras ciudades y compró otros bancos en California. En 1923 comenzó a invertir en el Bank of America de Los Ángeles, con el que terminó fusionándose el Bank of Italy, siendo Giannini el presidente de la nueva entidad, que en 1929 tenía más de cuatrocientas sucursales en California. Fue el principal banquero de la industria cinematográfica de Hollywood y el primero en financiar a Walt Disney.

Máximo Gorki (Nizhni Nóvgorod, Rusia, 28 marzo 1868-Moscú, 18 junio 1936). Era el seudónimo de Alexei Maksimovich Peshkov. Uno de los escritores más famosos de la historia. Huérfano y criado por su abuela, dejó la escuela a los doce años de edad. Trabajó como vendedor, marinero y panadero, recorriendo casi todo el Imperio ruso. Colaborando con varios periódicos, comenzó a usar el seudónimo de Gorki en 1892, cuando trabajaba para *El Cáucaso* de Tiflis. Alcanzó fama con la publicación de su primer libro, *Ensayos y relatos*, en 1898.

Olympe de Gouges (Montauban, Francia, 7 mayo 1748-París, 3 noviembre 1793). Escritora y filósofa. Seudónimo de Marie Gouze. Autora de la *Declaración de los Derechos de la Mujer y de la Ciudadana*, publicada en 1791. Viuda y residente en París, empezó a escribir en 1774 con seudónimo obras de teatro que eran representadas por una compañía itinerante que creó ella misma. Después de la Revolución, sus obras fueron representadas por la Comédie-Française. A pesar de ser profundamente revolucionaria, fue guillotinada por su defensa de los girondinos.

Olympe de Gouges.

Markku Häkkinen (Pyhäjärvi, Finlandia, 14 enero 1946-5 diciembre 2015). Botánico, considerado uno de los principales expertos del mundo en taxonomía del banano. Descubrió 42 de las 70 especies de plátanos naturales conocidas. Publicó más de ochenta artículos de investigación en revistas científicas internacionales. Su profesión fue la de capitán de barco mercante. Durante sus numerosos viajes por todo el mundo encontró tiempo para dedicarse a la investigación botánica, a la que se entregó por completo tras su jubilación en 1985.

Harold Hamm (Lexington, EE. UU., 11 diciembre 1945). Empresario. Hijo decimotercero de aparceros, recogió algodón descalzo cuando era niño y comenzó a trabajar en una gasolinera a los dieciséis años. Fundó su propia empresa de transporte y en 1967 la Shelly Dean Oil Company. En 1971 pidió un préstamo para perforar su primer pozo de petróleo. Transformó la industria petrolera cuando utilizó por primera vez la perforación horizontal y la fracturación hidráulica (*fracking*). Su empresa pasó a llamarse Continental Resources. Ha recibido títulos honoríficos de cuatro universidades. Según la revista *Forbes*, él y su familia tenían un patrimonio neto de 18.500 millones de dólares en 2023.

Knut Hamsun (Vågå, Noruega, 4 agosto 1859-Grimstad, Noruega, 19 febrero 1952). Escritor. Premio Nobel de Literatura en 1920. Su apellido real era Pedersen. Cursó estudios primarios en Hamaroy, localidad cercana al círculo polar ártico. Trabajó como aprendiz de zapatero, carbonero, maestro, picapedrero, vendedor ambulante y escribiente, antes de emigrar con veintitrés años a Estados Unidos. Regresó a Noruega seis años más tarde y publicó en una revista su primera novela, *Hambre*.

John Harrison (Foulby, Inglaterra, 24 marzo 1693-Foulby, 24 marzo 1776). Relojero e inventor del primer cronómetro marino de alta precisión, que permitió a los barcos no desviarse del rumbo exacto. Trabajó como carpintero hasta los treinta años de edad, pero construyó su primer reloj de péndulo (el primero hecho únicamente de madera) cuando tenía veinte. Asociado con su hermano, se convirtió en un afamado constructor de relojes cada vez más perfeccionados.

Oliver Heaviside (Londres, 18 mayo 1850-Torquay, Inglaterra, 3 febrero 1925). Físico, ingeniero y matemático que transformó el campo de las telecomunicaciones, las matemáticas y la ciencia. Fue a la escuela entre los catorce y quince años. Después se autoformó leyendo en las bibliotecas públicas tratados científicos. Empezó a trabajar en 1867 como telegrafista y al año siguiente fue contratado como electricista por la empresa que construyó el cable submarino entre Newcastle y Dinamarca. En 1874 regresó a su casa para dedicarse al estudio y la investigación. A pesar de su vida hermética y carácter huraño, sus trabajos fueron recompensados por varias e importantes instituciones: miembro de la Royal Society de Londres en 1891, miembro honorario de la Academia Americana de Artes y Ciencias en 1899, doctor *honoris causa* por la Universidad de Göttingen en 1905, etcétera.

Oliver Heaviside.

Johann Jakob Heckel (Mannheim, Alemania, 23 enero 1790-Viena, 1 marzo 1857). Zoólogo y taxidermista, es uno de los grandes ictiólogos de la historia. A pesar de que no recibió estudios académicos ni apenas viajó fuera del Imperio austrohúngaro, escribió más de sesenta obras notables sobre peces y fue nombrado director de la Colección de los Peces del Museo de Historia Natural de Viena.

Ernest Hemingway (Oak Park, EE. UU., 21 julio 1899-Ketchum, EE. UU., 2 julio 1961). Escritor y periodista. Premio Pulitzer en 1953 y Nobel de Literatura en 1954. Fue a la escuela secundaria entre los catorce y dieciocho años, pero no quiso ir a la Universidad de Oberlin, como deseaba su padre. Prefirió convertirse en reportero del *Kansas City Star* y autoformarse leyendo durante horas tendido en la cama libros que sacaba de la biblioteca pública. Sirvió como enfermero durante la Primera Guerra Mundial en Italia. En 1921 se mudó a París, donde trabajó como corresponsal de prensa. Viajó por España, inspirándose para escribir su primera novela publicada, *Fiesta*, en 1926.

Sue Hendrickson (Chicago, 2 diciembre 1949). Arqueóloga y paleontóloga famosa por ser la descubridora del fósil más grande y completo de un *Tyrannosaurus rex* en Dakota del Sur en 1990. Susan abandonó los estudios a los diecisiete años de edad porque se aburría. Se dedicó profesionalmente al buceo, especializándose en arqueología subacuática. Ha descubierto importantes fósiles de cetáceos en el desierto costero del Perú y de insectos conservados en ámbar en la República Dominicana.

Jimi Hendrix (Seattle, 27 noviembre 1942-Londres, 18 septiembre 1970). Cantante y compositor. Nacido como Johnny Allen Hendrix. Sus padres le cambiaron el nombre cuando tenía cuatro años. Empezó a tocar la guitarra con quince años, al año siguiente acabó sus estudios en Washington Junior High School y se matriculó en la escuela de secundaria Garfield High School, pero no llegó a graduarse. Comenzó tocando en algunos conciertos en Clarksville con veinte años. Grabó su primer disco, *Testify*, en marzo de 1964. Se trasladó a Inglaterra en 1966. Con la banda The Jimi Hendrix Experience tocó en varios conciertos como telonero en Inglaterra y Francia. Poco después comenzaron los éxitos tanto discográficos como en conciertos en giras internacionales.

Carolina Herschel (Hannover, Alemania, 16 marzo 1751-Hannover, 9 enero 1848). Astrónoma. Descubrió ocho cometas y tres nebulosas. Considerada la primera astrónoma profesional. De familia de músicos, con diecinueve años de edad se fue a Inglaterra con sus dos hermanos, con la intención de dedicarse al canto, pues era una buena soprano, pero terminó siguiendo los pasos de su hermano Guillermo, que estudiaba astronomía y terminó especializándose en la construcción de telescopios. Aunque no fue a la universidad, con 35 años ya tenía su propio observatorio astronómico. A partir de los 37 años cobró un sueldo real como ayudante de su hermano, que era el astrónomo del rey Jorge III. Descubrió con su hermano mil estrellas dobles, demostrando que muchas de ellas eran sistemas binarios, prueba de la existencia de gravedad fuera del sistema solar. Cuando falleció su hermano regresó a Hannover. Aunque tarde, fue reconocida en vida su importante contribución a la astronomía, algo inusual entonces para una mujer.

Carolina Herschel.

Hermann Hesse (Calw, Alemania, 2 julio 1877-Montagnola, Suiza, 9 agosto 1962). Escritor y pintor. Premio Nobel de Literatura en 1946. Fue al colegio de su ciudad natal entre los ocho y once años. Con catorce ingresó en el seminario evangélico de Maulbronn, del que se escapó a los pocos meses debido a la rigidez educativa que le impedía estudiar poesía. Entró a continuación en el Gymnasium de Bad Connstatt cerca de Stuttgart, pero lo abandonó al cabo de un año. En su novela publicada en 1906 *Bajo las ruedas*, hizo una severa acusación contra los sistemas educativos que se imponen a costa de la imaginación y del cultivo armónico de las facultades emocionales. Trabajó como mecánico en una fábrica de relojes y como librero en Tubinga y después en Basilea. En 1898 publicó su primer poemario, al año siguiente un libro de cuentos y en 1904 su primera novela.

Eric Hoffer (Nueva York, 25 julio 1898-San Francisco, 21 mayo 1983). Escritor, psicólogo y filósofo conocido por ser uno de los primeros en reconocer la importancia de la autoestima para el bienestar psicológico. Descubrió que el fanatismo y la hipocresía están enraizadas en la duda, el odio hacia sí mismo y la inseguridad. Su primera y mejor obra, *El verdadero creyente*, fue publicada en 1951. A los cinco años de edad, cuando ya sabía leer en inglés y en alemán, se cayó por las escaleras y perdió la vista, recuperándola inesperadamente a los quince años. No fue a la escuela. «Cuando mi visión volvió, fui atrapado por un hambre enorme de palabra escrita. Leía indiscriminadamente cualquier cosa que tuviera a mano, en inglés y en alemán». Fue vagabundo, bracero, buscador de oro y estibador. La fiebre de la lectura jamás lo abandonó. Se hizo famoso gracias a que el presidente Eisenhower recomendó reiteradamente su primer libro. Obtuvo un puesto de profesor en la Universidad de Berkeley y se hizo famoso saliendo ocasionalmente en los medios, pero continuó viviendo en una pensión del barrio chino de San Francisco, donde no tenía ni teléfono ni televisión.

Wilhelm Hofmeister (Leipzig, Alemania, 18 mayo 1824-Leipzig, 12 enero 1877). Botánico alemán considerado al mismo nivel que Darwin y Mendel. Dejó la escuela a los quince años en Hamburgo para ser aprendiz de una librería y estudiar por su cuenta botánica. Después de publicar varios trabajos y sin haber obtenido ningún título académico, fue nombrado catedrático de la Universidad de Heidelberg y después de la de Tubinga. Fue miembro de la Academia Alemana de las Ciencias Naturales Leopoldina, de la Real Academia de las Ciencias de Suecia, de la Academia Estadounidense de las Artes y las Ciencias, de la Academia Prusiana de las Ciencias y de la Academia Sajona de las Ciencias.

Sōichirō Honda (Hamamatsu, Japón, 17 noviembre 1906-5 agosto 1991). Ingeniero y empresario, fundador en 1948 de la multinacional Honda Motors. De familia humilde (su padre tenía un taller de reparación de bicicletas), desde muy joven fue un apasionado de las motos. Entre los quince y veintiún años trabajó como mecánico en la empresa de Tokyo Hart Shokai. Regresó a su población natal donde montó una fábrica de pistones que fracasó. Pasó brevemente por la universidad y reabrió otra pequeña fábrica en 1937 para producir anillos de pistón para Toyota. En 1948 fundó con Takeo Fujisawa la empresa Honda Motor Company para la fabricación de motocicletas. Honda renegaba de la educación convencional: «Los diplomas no valen ni el papel sobre el que están impresos», solía decir. Dejó la universidad porque «me sentía como un hombre hambriento al que obligaban a escuchar largas lecciones sobre las leyes de la dieta y sus efectos en lugar de darle algo de comer».

Sōichirō Honda.

David Hume (Edimburgo, 7 mayo 1711-Edimburgo, 25 agosto 1776). Filósofo, historiador y economista, es una de las figuras más importantes de la filosofía occidental. Aunque su familia le obligó a estudiar derecho, abandonó esta carrera para dedicarse a la filosofía y el saber en general. Mientras estudiaba por su cuenta, trabajó como comerciante en Bristol y viajó durante tres años por Francia. Con veintiséis años publicó en Londres su primer trabajo, *Tratado de la naturaleza humana*. En 1744 fue rechazada su candidatura a la cátedra de moral y filosofía de la Universidad de Edimburgo, y más tarde le fue denegada la cátedra de filosofía en la Universidad de Glasgow. Trabajó como bibliotecario y secretario en la Embajada de Francia.

John Huston (Nevada, EE. UU., 5 agosto 1906-Middletown, EE. UU., 28 agosto 1987). Director, actor y guionista de cine. Hijo de actor, estudió en la Abraham Lincoln High School, en la Liga de Estudiantes de Arte de Nueva York y en la Escuela Preparatoria de Hollywood y, aunque se matriculó en la universidad, apenas asistió a clase y la abandonó muy pronto. Trató de ganarse la vida desde joven como boxeador, pintor callejero en París, redactor de una revista neoyorquina, extra de cine y guionista. Su primera película como director y guionista, *El halcón maltés*, fue estrenada en 1941. Ganó dos Oscar como mejor director y mejor guion adaptado en 1949.

Steve Jobs (San Francisco, 24 febrero 1955-Palo Alto, EE. UU., 5 octubre 2011). Empresario. Se trasladó siendo niño con su familia adoptiva a Palo Alto, donde asistió a la escuela primaria Cupertino Middle School y a la secundaria Homestead H.S. Comenzó a trabajar en los veranos en la compañía Hewlett-Packard, donde conoció a Steve Wozniak. En 1972 ingresó en el Reed College de Portland, pero a los seis meses abandonó la universidad por razones económicas, aunque siguió yendo a clases como oyente durante año y medio. Después de trabajar como técnico en la India para una empresa fabricante de videojuegos, regresó a California y decidió fundar Apple Computer Company con Wozniak en 1976, fabricando el Apple I en un garaje. Llegó a ser el máximo accionista individual de The Walt Disney Company.

Steve Jobs.

Andrew Johnson (Raleigh, EE. UU., 29 diciembre 1808-Elizabethton, EE. UU., 31 julio 1875). Presidente de los Estados Unidos entre 1865 y 1869. Sus padres eran analfabetos y pobres. Nunca asistió a la escuela. Fue aprendiz de sastres y trabajó en varios oficios antes de abrir su propia sastrería con diecinueve años en Greeneville, donde fue elegido concejal y alcalde. Luego fue congresista, gobernador de Tennessee, senador y vicepresidente del país.

Li Ka-Shing (Chaozhou, China, 29 julio 1928). Empresario. Con doce años se trasladó con su familia a Hong Kong. Cuando tenía quince años murió su padre y tuvo que abandonar la escuela para trabajar, primero en una empresa de comercio de plásticos con un horario de dieciséis horas diarias. Con veintidós años fundó su propia empresa, Industrias Cheung Kong, de fabricación de plásticos. Al mismo tiempo empezó a invertir en el sector inmobiliario con el dinero de su tío y suegro. En 1972 su compañía empezó a cotizar en la Bolsa de Hong Kong y a continuación amplió sus inversiones con la compra de diferentes empresas. Está considerado el hombre más rico de Asia, con una fortuna en 2023 de 38.000 millones de dólares, según *Forbes*.

Frida Kahlo (Ciudad de México, 6 julio 1907-Ciudad de México, 13 julio 1954). Pintora de fama internacional. Con quince años de edad ingresó en la Escuela Nacional Preparatoria de su ciudad natal. A los dieciocho años tuvo un accidente que la obligó a sufrir 32 operaciones quirúrgicas y quedar postrada durante largas temporadas. Unos meses antes había comenzado a trabajar como aprendiz en un taller de grabado donde aprendió a dibujar. Durante su larga convalecencia se dedicó a la pintura. En septiembre de 1926 pintó su primer autorretrato al óleo. Vivió en Estados Unidos entre 1931 y 1934. En 1939 expuso por primera vez en París. Autora de 150 obras.

Frida Kahlo.

Dean Kamen (Nueva York, 5 abril 1951). Empresario e inventor. Con veinte años de edad, siendo estudiante universitario, inventó una bomba de infusión portátil, por la cual se le otorgó la primera de más de 400 patentes que ha obtenido en su país. En 1976 abandonó la universidad y fundó AutoSyringe Inc., para fabricar y comercializar la bomba. En 1982 vendió su compañía y fundó DEKA Research & Development Corp., con la que creó una máquina portátil de diálisis renal de 10 kilogramos y otros productos innovadores; como el IBOT, en 1999, un dispositivo similar a una silla de ruedas que puede subir escaleras y ponerse de pie sobre dos ruedas. En 2001 presentó el Segway, que servía para moverse por las ciudades. En 2003 introdujo prototipos para un generador eléctrico que funciona con estiércol de vaca y un purificador de agua para procesar aguas residuales. En 2007 presentó una prótesis de brazo robótica capaz de realizar actividades tan delicadas como rascarse la nariz.

David Karp (Nueva York, 6 julio 1986). Empresario e informático. Asistió a la Calhoun School y a los once años se matriculó en The Bronx High School of Science, pero con quince años dejó de ir a clase para estudiar diseño de páginas web en su casa. Con catorce años comenzó a trabajar en la compañía de animación Frederator Studios. En 2006 creó su propia empresa de consultoría de software, Davidville, y al año siguiente lanzó junto con el ingeniero informático Marco Arment la plataforma Tumblr. En 2013 Yahoo! adquirió Tumbir por 1100 millones de dólares y Karp se mantuvo como director ejecutivo.

Roberto Kautsky (Domingo Martins, Brasil, 23 mayo 1924-Cariacica, Brasil, 25 mayo 2010). Botánico que dio nombre a más de cuarenta especies de la flora y fauna de la región brasileña de Espírito Santo, a pesar de que no cursó estudios académicos. Recibió más de un centenar de títulos honoríficos, como el de doctor *honoris causa* de la Universidad Federal de Río de Janeiro.

Paul Keating (Sídney, 18 enero 1944). Primer ministro de Australia entre diciembre de 1991 y marzo de 1996. Estudió en LaSalle Catholic College, pero no fue a la universidad. Ingresó en un sindicato y en política siendo joven. Fue elegido miembro de la Cámara de Representantes el 25 de octubre de 1969 y viceprimer ministro el 4 de abril de 1990.

Benjamín Kidd (Condado de Clare, Irlanda, 9 septiembre 1858-Croydon, Inglaterra, 2 octubre 1916). Uno de los sociólogos más influyentes del siglo xx. Mientras trabajaba como funcionario en el departamento de impuestos internos en Londres, dedicó su tiempo libre a estudiar filosofía y sociología. En 1894 publicó su primera y una de sus más importantes obras, *Social Evolution*, que se tradujo a numerosos idiomas y alcanzó fama internacional, lo que sirvió para dejar el trabajo y dedicarse exclusivamente a sus estudios, a viajar y a escribir.

Melanie Klein (Viena, 30 marzo 1882-Londres, 22 septiembre 1960). Psicoanalista. Su apellido de nacimiento era Reizes. Con catorce años ingresó en la escuela secundaria con intención de ir a la universidad para estudiar psiquiatría, pero a los diecisiete empezó a asistir a cursos de historia y arte en la Universidad de Viena, que no concluyó. En 1918 inició su colaboración con el psicoanalista Sándor Ferenczi, quien se percató de las grandes dotes de ella para comprender a los niños. En julio de 1919 leyó su primer trabajo, publicado al año siguiente, por el que fue admitida en la Sociedad Psicoanalítica Húngara. En 1923 comenzó a trabajar en la Asociación Psicoanalista de Berlín como miembro pleno. Sus obras completas siguen reeditándose en la actualidad.

Melanie Klein.

Yuri Kondratiuk (Poltava, Ucrania, 21 junio 1897-Kaluga, Rusia, 25 febrero 1942). Pionero de la astronáutica. Su verdadero nombre era Aleksandr Ignátievich Shargéi. Ingresó en 1916 en el Instituto Politécnico de Petrogrado, pero tuvo que dejarlo dos meses después porque fue reclutado y enviado al frente durante la Primera Guerra Mundial. Con veinte años y en el ejército, elaboró cuatro cuadernos sobre teorías para llegar a la Luna, algunas de las cuales se utilizarían posteriormente en el programa Apolo. En 1924 cofundó la sociedad para el estudio de los viajes interplanetarios. Por temor a represalias de los bolcheviques cambió de nombre. Trabajó como mecánico e inventando máquinas, como un gigantesco elevador de cangilones que construyó sin utilizar uno solo clavo. En 1929 publicó su libro *La conquista de los espacios interplanetarios*, en el que sentaba la base teórica para el lanzamiento de cohetes y la llegada a la Luna. Un cráter lunar y un asteroide llevan su nombre.

Leon Krier (Luxemburgo, 7 abril 1946). Arquitecto y urbanista. Uno de los arquitectos modernos más influyentes, destacado crítico del modernismo arquitectónico. Con dieciocho años abandonó sus estudios de arquitectura en la Universidad de Stuttgart después de cursar un solo año. Se fue a Londres, donde trabajó durante cuatro años en el estudio del arquitecto James Stirling y dos en el de Josef Paul Kleihues en Berlín. Autor de numerosos libros sobre arquitectura, ha sido profesor invitado en universidades como las de Princeton, Yale, Virginia y Notre Dame. Fue el primer director del SOMAI (Skidmore, Owings & Merrill Architectural Institute, de Chicago). Ganó el primer premio de Arquitectura Driehaus. Ha diseñado edificios emblemáticos en Italia, Estados Unidos, Portugal, Francia, etc.

Raymond Kroc (Oak Park, EE. UU., 5 octubre 1902-San Diego, 14 enero 1984). Empresario, cofundador en 1954 de la hamburguesería McDonald's, de la que se hizo único propietario en 1961. Hijo de emigrantes checos de clase trabajadora, no tuvo ninguna formación académica más allá del instituto. Después de dedicarse a distintos negocios fundó su propia empresa para comercializar máquinas de batidos para restaurantes.

Stanley Kubrick (Nueva York, 26 julio 1928-St. Albans, 7 marzo 1999). Aclamado director y guionista de cine, no pudo entrar en una universidad y vivió como fotógrafo hasta que cofundó una humilde productora de cine en 1951. «La primera parte de la carrera de Kubrick fue de aprendizaje. Y fue un aprendizaje lento, metódico y solitario, exactamente como el que había emprendido con cada una de sus pasiones anteriores».[187]

Günter Kunkel (Mittenwalde, Alemania, 26 septiembre 1928-Vélez-Rubio, España, 6 agosto 2007). Botánico, autor de setenta libros y más de mil artículos, monografías y ediciones de revistas científicas. Trabajó en el cuerpo de aduanas alemán hasta 1951, que comenzó a viajar durante años por América del Sur, África y Oriente Próximo. Residió en la isla de Gran Canaria entre 1964 y 1977, donde realizó el estudio de más de cien especies endémicas y descubrió taxones nuevos. Entre 1977 y 1992 vivió en diferentes partes de Andalucía, hasta establecerse definitivamente en la almeriense población de Vélez-Rubio.

---

187 KALMANOVITZ G., Manuel. «Stanley Kubrick, el genio autodidacta». *El Tiempo*, 9 marzo 1999. https://www.eltiempo.com/archivo/documento/MAM-891708

Low Tuck Kwong (Singapur, 1950). Trabajó en la empresa de construcción de su padre hasta que, con veintidós años, se trasladó a Indonesia. Prosperó como contratista de obras y fundó la Bayan Resources, una pequeña empresa minera en 1972, aunque no fue hasta 1997 que compró su primera mina de carbón. La empresa salió a bolsa en 2008 y creció rápidamente, abarcando un área de concesión de 126.293 hectáreas en Kalimantan Oriental y Sur. Invirtió en la empresa de energías renovables Manhattan Resources, que pasó a denominarse Metis Energy. En 2023 tenía un patrimonio neto de 25.500 millones de dólares, según *Forbes.*

Hedy Lamarr (Viena, 9 noviembre 1914-Casselberry, EE. UU., 19 enero 2000). Actriz e ingeniera. Su verdadero nombre era Hedwig Eva Maria Kiesler. Nacida en el seno de una familia judía acomodada, fue educada desde los cuatro años por tutores particulares. Antes de cumplir los once años tocaba el piano, danzaba y hablaba cuatro idiomas. Con dieciséis años empezó a estudiar en la escuela de arte dramático berlinesa de Max Reinhardt y abandonó sus estudios de ingeniería. En 1931 y 1932 actuó en cuatro películas de producción alemana y en 1933 se estrenó la película checoslovaca *Éxtasis*, en la que aparecía por un instante completamente desnuda. Al casarse el 10 de agosto de aquel mismo año, su celoso marido la apartó del cine y la mantuvo prácticamente encerrada. Aprovechó el tiempo para estudiar ingeniería por su cuenta, especialmente la tecnología armamentística, ya que su esposo era uno de los proveedores de aviones, municiones y sistemas de control de los ejércitos alemán e italiano. Se escapó en 1937 y huyó a París. Al inicio de la Segunda Guerra Mundial, inventó la primera versión del espectro ensanchado que permitía las comunicaciones inalámbricas de largas distancias junto con el compositor George Antheil. En Estados Unidos retomó su carrera cinematográfica.

Hedy Lamarr.

Ferruccio Lamborghini (Cento, Italia, 18 abril 1916-Perugia, 20 febrero 1993). Empresario. Nació en Renazzo, una aldea del municipio de Cento, donde su familia tenía una granja. Atraído desde niño por la mecánica, se trasladó a Bolonia para trabajar en un taller. Cuando tenía veinte años estalló la Segunda Guerra Mundial, fue reclutado y enviado a Rodas, donde se encargó del mantenimiento de vehículos militares. Al acabar la guerra, abrió un pequeño taller en la isla griega y al año siguiente regresó a Cento, donde abrió un taller en el que reparaba vehículos y construyó pequeños utilitarios, antes de dedicarse a la fabricación de tractores agrícolas baratos. El primero lo construyó transformando un camión Morris que presentó el 3 de febrero de 1948 en las fiestas patronales de su pueblo y del que vendió once unidades. Hipotecando la granja familiar, pidió un préstamo bancario con el que compró mil motores Morris.

En 1963 ya estaba entre los industriales más importantes de Italia. En 1964 presentó en el Salón del Automóvil de Ginebra el Lamborghini 350 GT, su primer automóvil deportivo.

Frank Langstone (Bulls, Nueva Zelanda, 10 diciembre 1881-Auckland, Nueva Zelanda, 11 enero 1952). Político. Ministro neozelandés entre 1935 y 1942. Criado primero por una hermana y luego por una familia de acogida, se autoeducó en la lectura antes de convertirse en aprendiz de herrero. Con veinticinco años se trasladó a Masterton, donde abrió una sala de refrigerios en la estación de ferrocarril y dirigió un salón de billar. Trabajó después de esquilador e ingresó en el sindicato del sector, comenzando su carrera política. Administró un restaurante en King Country en 1913 y, después de vivir en Auckland, abrió su propio restaurante en la estación de ferrocarril de Te Küiti en 1918, así como una tienda de pescado y patatas fritas al año siguiente. Después de no conseguirlo en las elecciones de 1919, logró ser elegido miembro del Parlamento en diciembre de 1922. En abril de 1933 fue elegido presidente del Partido Laborista. El 6 de diciembre de 1935 fue nombrado ministro de Tierras, asumiendo además las carteras de Asuntos Nativos y de Asuntos Exteriores el 1 de abril de 1940.

Ralph Lauren (Nueva York, 14 octubre 1939). Su verdadero apellido es Lifschitz. Abandonó sus estudios universitarios de economía para trabajar como vendedor de guantes y corbatas. Abrió su propia tienda de corbatas en 1967 con un préstamo de 50.000 dólares y al año siguiente introdujo una línea completa para hombres de su propio diseño. A partir de 1971 también diseñó y vendió prendas femeninas. En 1974 alcanzó fama internacional cuando diseñó el vestuario de Robert Redford para la película *El gran Gatsby*. Actualmente está considerada una de las firmas de moda más prestigiosas y con más presencia internacional.

Le Corbusier (La Chaux-de-Fonds, Suiza, 6 octubre 1887-Roquebrune-Cap-Martin, Francia, 27 agosto 1965). Arquitecto, urbanista y escultor. Considerado uno de los arquitectos más renovadores e influyentes del siglo XX. A los trece años de edad, Charles-Édouard Jeanneret-Gris comenzó su aprendizaje como grabador y cincelador. Con dieciocho años diseñó su primer edificio, la Villa Fallet, una casa unifamiliar. Durante los siguientes diez años diseñó muchos otros edificios, trabajando esporádicamente en algunos estudios arquitectónicos (en el de Josef Hoffmann en Viena en 1908; en el de Peter Behrens en Berlín entre 1910 y 1911). Con veintinueve años se trasladó a París, donde adoptó el seudónimo Le Corbusier (su abuelo materno se apellidaba Lecorbésier) y trabajó durante quince meses en el estudio del arquitecto Auguste Perret. Viajó por numerosos países diseñando edificios y editó la revista *L'Esprit Nouveau*, de gran resonancia internacional. Parte de su obra, repartida en siete países, fue declarada en 2016 Patrimonio de la Humanidad.

Notre Dame du Haut. Le Corbusier.

Paul-Émile Lecoq de Boisbaudran (Cognac, Francia, 18 abril 1838-París, 28 mayo 1912). Químico, descubridor de los elementos galio, samario y disprosio. Fue uno de los pioneros de la espectroscopia. Hijo de una familia noble y vitivinícola. Su madre le enseñó historia e idiomas. Siguió por su cuenta el plan de estudios de la École Polytechnique, además de muchos otros libros científicos. Montó un modesto laboratorio químico en el segundo piso de la casa familiar, donde desarrolló sus experimentos y teorías.

Doris Lessing (Kermanshah, Irán, 22 octubre 1919-Londres, 17 noviembre 2013). Escritora. Ganadora del Premio Nobel de Literatura en 2007. Hija de un antiguo oficial del ejército británico y de una enfermera que se trasladaron a Rodesia del Sur cuando ella tenía seis años. Abandonó los estudios a los catorce años y se independizó a los quince, trabajando como niñera y dedicándose a la autoformación leyendo libros de política y sociología y escribiendo relatos de ficción. Con dieciocho años se trasladó a Inglaterra, trabajando como telefonista en Salisbury. En 1962 publicó su novela más conocida, *El cuaderno dorado.*

Abraham Lincoln (Hodgenville, EE. UU., 12 febrero 1809-Washington, 15 abril 1865). Presidente de los Estados Unidos (1861-1865). Ejerció como abogado pese a que no concluyó sus estudios universitarios ni obtuvo el título correspondiente. Cuando tenía veintidós años de edad, «yo ignoraba muchas cosas. Sabía leer, escribir y contar, y hasta la regla de tres, pero nada más. Nunca estudié en un colegio o academia. Lo que poseo en materia de educación lo he aprendido aquí y allá, bajo las exigencias de la necesidad», le diría más tarde a su biógrafo.

Estatua de Abraham Lincoln.

Kató Lomb (Pecs, Hungría, 8 febrero 1909-Budapest, 9 junio 2003). Intérprete. Una de las primeras intérpretes simultáneas del mundo. Fue educada en física y química, pero desde su juventud estudió idiomas por su cuenta. Aprendió ruso mientras leía *Dead Souls*, de Gogol, sin ayuda de un diccionario. Autora de numerosos libros, compartió su método en *Cómo aprendo idiomas*, publicado en 1970. Esta técnica personal le sirvió para dominar quince idiomas, además del húngaro: alemán, búlgaro, chino, danés, español, francés, hebrero, inglés, italiano, japonés, latín, polaco, rumano, ruso y ucraniano.

Kató Lomb.

Jack London (San Francisco, 12 enero 1876-Glen Ellen, EE. UU., 22 noviembre 1916). Escritor. Parece que su verdadero nombre era John Griffith Chaney. Se autoeducó leyendo libros en la biblioteca pública de su ciudad natal. Después de trabajar en varios oficios, vagabundear y viajar como marino mercante, se instaló en Oakland, donde acudió a la Oakland High School. Con veinte años logró matricularse en la Universidad de California en Berkeley, pero por problemas económicos hubo de abandonarla al año siguiente. Volvió a vivir trabajando en diferentes oficios y pidiendo préstamos. Publicó sus primeros cuentos y poemas en 1899 y su primera novela en 1902. Cuando murió su biblioteca privada contaba con más de 15.000 volúmenes.

Howard Phillips Lovecraft (Providence, EE. UU., 20 agosto 1890-Providence, 15 marzo 1937). Escritor. Considerado uno de los mejores autores de literatura fantástica y de terror del siglo xx. Según sus biógrafos, recitaba poesía a los dos años, leía a los tres, empezó a escribir a los seis y a los ocho ya había leído gran cantidad de libros de la biblioteca de su abuelo materno. Su primer relato lo escribió a los quince años.

Ada Lovelace (Londres, 10 diciembre 1815-Londres, 27 noviembre 1852). Matemática, poeta e inventora. Considerada como la primera programadora de ordenadores. Nacida Augusta Ada Byron. Hija de Lord Byron. Con cuatro años su madre la educó en casa con ayuda de preceptores e institutrices, una de las cuales fue Mary Somerville, quien la estimuló a estudiar ciencias. Sugirió el uso de tarjetas perforadas como método de entrada de información e instrucciones a la máquina analítica. Previó la capacidad de los ordenadores para ir más allá de los simples cálculos de números.

Ada Lovelace.

Joaquim Machado de Assis (Río de Janeiro, 21 junio 1839-Río de Janeiro, 29 septiembre 1908). Escritor. Considerado el nombre más relevante de la literatura brasileña. Nacido en una familia pobre, era tartamudo y acudió a escuelas públicas, pero nunca fue a la universidad. Tuvo diversos cargos públicos y colaboró muy pronto con varios periódicos. Aprendió por su cuenta francés, inglés, alemán y español. Tradujo a Víctor Hugo y a Edgar Allan Poe. Su primer libro, *Crisálidas*, fue un poemario publicado en 1864. Fue el primer presidente de la Academia Brasileira de Letras.

John Major (Surrey, Inglaterra, 29 marzo 1943). Primer ministro del Reino Unido de noviembre 1990 a mayo 1997. Estudió en el Colegio Rutlish de Londres hasta los dieciséis años, que comenzó a trabajar en un banco mientras estudiaba contabilidad por la noche. Trabajó como empleado de seguros y en el London Electricity Board y el Standard Chartered Bank, convirtiéndose en ejecutivo de este último banco con veintidós años. Después de vivir una temporada en Nigeria como profesor y de regreso a Londres se dedicó plenamente a la política.

Guglielmo Marconi (Bolonia, 25 abril 1874-Roma, 20 julio 1937). Ingeniero famoso por sus inventos y avances en radiotransmisión, telegrafía sin hilos y radiotelegrafía. Premio Nobel de Física en 1909. Se matriculó en la Universidad de Bolonia, pero no acabó sus estudios y se dedicó a estudiar de manera autodidacta, experimentando acerca del empleo de ondas electromagnéticas para la comunicación telegráfica. Fue miembro de la Academia Pontificia de las Ciencias, de la Academia de las Ciencias de Suecia, de la Academia de Ciencias de Turín y de la Academia Nacional de Ciencias de los Estados Unidos.

Herman Melville (Nueva York, 1 agosto 1819-Nueva York, 28 septiembre 1891). Novelista, poeta y ensayista. Autor de un clásico de la literatura universal, *Moby Dick*. Su verdadero apellido era Melvill y nació en una familia acaudalada. Empezó a ir a la escuela a los cinco años de edad y con diez se matriculó en la Columbia Grammar & Preparatory School, pero dejó los estudios al poco tiempo porque su familia se arruinó y él comenzó a trabajar, primero como maestro rural y luego como marinero en barcos balleneros. En Boston publicó en 1846 su primera novela, *Taipi*.

Ilustración de la primera edición de Moby Dick, 1851.

Ludwig Mies van der Rohe (Aquisgrán, Alemania, 27 marzo 1886-Chicago, EE. UU., 17 agosto 1969). Arquitecto. Con catorce años empezó a trabajar como aprendiz de albañil con su padre, al mismo tiempo que estudiaba en la escuela de comercio. Con diecisiete años se empleó como dibujante de adornos para un estucador. Con diecinueve se fue a Berlín, donde trabajó como diseñador de muebles para el arquitecto Bruno Paul. Con veintiún años realizó su primera obra, la Casa Riehl, que impresionó al arquitecto Peter Behrens, quien le ofreció trabajo en su estudio. Aquí trabajó cuatro años y en 1912 se independizó, estableciendo su propio estudio arquitectónico. En 1937 emigró a los Estados Unidos, donde fue nombrado director de la Escuela de Arquitectura del Instituto de Tecnología de Illinois, en Chicago. Construyó numerosos edificios en Alemania, Estados Unidos, Canadá y otros países.

Henry Miller (Nueva York, 26 diciembre 1891-Los Ángeles, 7 junio 1980). Novelista, pianista y pintor. Sus estudios en el City College de Nueva York apenas duraron dos meses. Trabajó en diversos oficios antes de ir en 1930 a Francia, donde vivió como un vagabundo durante el primer año. Después trabajó como corrector de estilo en la oficina parisina del *Chicago Tribune*. En 1934 publicó su primera obra, *Trópico de Cáncer*, por la que fue procesado por obscenidad en Estados Unidos, adonde regresó en 1940. Fue miembro de la Academia Estadounidense de las Artes y las Letras.

Francisco Morazán (Tegucigalpa, 3 octubre 1792-San José de Costa Rica, 15 septiembre 1842). Jefe de Estado de Honduras (1827-1828), jefe de Estado de El Salvador (1832), jefe de Estado de Costa Rica (1842). Apenas estudió año y medio en una escuela, donde aprendió a leer, escribir y a realizar operaciones de aritmética básicas. Tuvo tutores privados que le enseñaron derecho civil, derecho penal y notariado. Aprendió francés e historia en la biblioteca de uno de sus tíos. No asistió al colegio hasta los ocho años y hubo de dejarlo al año siguiente. A los doce ingresó en un instituto, pero lo abandonó al cabo de dos años y medio. Quiso ser astrónomo, pero no fue admitido en la Universidad de Brown. Se dedicó entonces definitivamente a la literatura, inspirado por Edgar Allan Poe.

Annie Elizabeth Morrill Smith (Brooklyn, EE. UU., 13 febrero 1856-Nueva York, 1946). Botánica. Cursó preuniversitario en el Packer Collegiate Institute de Nueva York. Estudió botánica en el extranjero y por su cuenta, interesada especialmente en los musgos. En 1899, al enviudar, fue nombrada editora asociada de *The Bryologist*, publicación de la Sociedad Briológica Sullivant, de la que fue editora principal entre 1905 y 1911. Autora de varios libros publicados entre 1896 y 1921.

Álvaro Obregón (Navojoa, México, 19 febrero 1880-Ciudad de México, 17 julio 1928). Presidente de los Estados Unidos Mexicanos desde diciembre de 1920 hasta noviembre de 1924. Estudió en la escuela local de la que su hermano era el director, aprendiendo por su cuenta y con ayuda de sus tías música y poesía. Con dieciocho años se dedicó a la agricultura y con veintitrés compró una finca en Huatabampo, Quinta Chilla. En 1911 fue elegido alcalde de Huatabampo. En 1913 ingresó en el ejército constitucionalista. El presidente Venustiano Carranza le nombró gobernador del Distrito Federal (Ciudad de México), cargo en el que estuvo solo un mes (del 18 de agosto al 19 de septiembre de 1914). En marzo de 1916, Carranza le nombró secretario de Guerra y Marina, cargo que ocupó hasta mayo de 1917. En el ejército mexicano alcanzó el generalato. Entre 1919 y 1924 compartió la presidencia del Partido Laborista Mexicano con Plutarco Elías Calles. Fue asesinado en un restaurante por un dibujante después de hacerle un retrato.

Eugene O'Neill (Nueva York, 16 octubre 1888-Boston, 27 noviembre 1953). Dramaturgo. Premio Nobel de Literatura en 1936 y cuatro veces ganador del Premio Pulitzer. A los siete años de edad fue internado en un colegio católico donde se aficionó a la lectura como mejor manera de entretenerse. Fracasó en sus estudios en la Universidad de Princeton y, tras tener diversos empleos, se dedicó a buscar oro en Honduras y a viajar como marinero. A su regreso a New London, se unió a una compañía de teatro de aficionados que representaron algunas de sus primeras obras, escritas mientras trabajaba en el *New London Telegraph*. En 1920 obtuvo el primero de sus grandes éxitos con la representación en Broadway de *Más allá del horizonte.*

Miguel Ordóñez Cadena (Bucaramanga, Colombia, 12 octubre 1917-Bucaramanga, 1994). Antropólogo, arqueólogo, astrónomo y empresario. Descifró la clave ideográfica de las tablillas de la escritura rongo rongo de la Isla de Pascua. Después de viajar por Europa regresó a Colombia en 1937 para abrir una fábrica de galletas. Durante veinte años alternó su trabajo en la fábrica con el estudio de unas tablillas de la Isla de Pascua, hasta que descubrió y publicó la clave ideográfica que le permitió traducirlas.

Amancio Ortega (Busdongo de Arbas, España, 28 marzo 1936). Empresario. Con tres meses de edad fue a vivir con su familia a Tolosa y con doce años a Galicia. Con catorce años entró a trabajar en una tienda de ropas de La Coruña. Con veintisiete años fundó la compañía Confecciones GOA, S.A., dedicada a la fabricación de albornoces. El éxito de ventas y de exportación le animan a abrir en 1975 su primera tienda Zara, que enseguida empezó a expandirse por toda España y luego por todo el mundo. En 1985 creó el grupo Inditex. En diciembre de 2023, la revista *Forbes* calculaba su fortuna por encima de los 100.000 millones de dólares.

Stanford Robert Ovshinsky (Akron, EE. UU., 24 noviembre 1922-Blommfield Hills, EE. UU., 17 octubre 2012). Científico e inventor. Registró más de cuatrocientas patentes referentes sobre todo a energía digital, tecnología de baterías, memorias digitales, medios ópticos y almacenamiento de hidrógeno, que han sido utilizadas en ordenadores portátiles, cámaras digitales, teléfonos móviles, coches eléctricos e híbridos, paneles solares, pantallas planas de cristal líquido, etcétera. Se graduó en la escuela secundaria Buchtel High School en junio de 1941. Trabajó como tornero, fabricante de herramientas y mecánico al tiempo que estudiaba por su cuenta neurofisiología y cibernética. Nombrado doctor *honoris causa* por ocho universidades.

Horacio Pagani (Casilda, Argentina, 10 noviembre 1955). Empresario automovilístico. Pionero de los materiales compuestos en automóviles. Su padre era panadero. Siendo niño, le gustaba hacer pequeños prototipos de madera de vehículos. Con veintidós años dejó la Universidad Nacional de La Plata, diseñó un coche Renault para la Fórmula 2 y ganó un diseño del interior de una autocaravana. Se fue a Italia y empezó a trabajar para Lamborghini. Cuando este se negó a crear una división para la fabricación de piezas de fibra de carbono que le había propuesto, Horacio fundó con un préstamo bancario la empresa Pagani Composite Research, con la que colaboró en los diseños de nuevos modelos Lamborghini. En 1991 fundó Pagani Modena Design con el fin de diseñar y vender su propio modelo de coche. El primero, Zonda C12, fue presentado en 1999 en el Salón del Automóvil de Ginebra. En 2019, la Universidad Nacional de Rosario le otorgó el doctorado *honoris causa*.

Emilia Pardo Bazán (La Coruña, España, 16 septiembre 1851-Madrid, 12 mayo 1921). Escritora y periodista. Hija de una familia noble, se educó en su casa con ayuda de tutores, aunque asistió a clases en un colegio francés. Llegó a dominar este idioma, el inglés y el alemán. Su formación se basó fundamentalmente en la lectura (su familia poseía una nutrida biblioteca) y a tertulias con amigos de su padre. Con quince años escribió su primer cuento. Primera mujer socia del Ateneo de Madrid.

Sean Parker (Herndon, EE. UU., 3 diciembre 1979). Empresario e informático. Cuando tenía siete años su madre le enseñó a programar un Atari 800. Siendo adolescente aprendió a hackear, por lo que fue arrestado por el FBI cuando tenía dieciséis años. Cursó estudios de secundaria en Oakton High School y en Chantilly High School. Antes de graduarse en 1998 trabajó para varias empresas y fue reclutado por la CIA. No fue a la universidad y se dedicó a cofundar empresas como Napster, Plaxo y Causes. También participó en los inicios de Facebook, Inc. Es uno de los principales accionistas de la plataforma musical Spotify.

Blaise Pascal (Clermont-Ferrand, Francia, 19 junio 1623-París, 19 agosto 1662). Filósofo, matemático y físico. Fue instruido en su casa por su padre. Con ocho años se trasladó a París. Con doce años demostró que la suma de los ángulos de un triángulo es siempre igual a 180º. Su padre le regaló una copia de *Los Elementos* de Euclides y cuando cumplió catorce años comenzó a llevarle con él a la conocida como Académie Mersenne (reuniones de matemáticos que se celebraban en la celda de este religioso). Dos años después fue publicado su teorema o hexagrama místico, también conocido como teorema de Pascal.

Thomas Peterffy (Budapest, 30 septiembre 1944). Empresario. Su padre emigró a Estados Unidos en 1956 y él dejó sus estudios de ingeniería en Hungría para irse a Nueva York en 1965. Comenzó a trabajar como dibujante en una empresa de ingeniería sin apenas saber hablar inglés. Después se especializó en el diseño de software de modelos financieros. Compró un puesto de bróker y fue el primero en introducir ordenadores portátiles en la Bolsa para realizar inversiones y en desarrollar la primera plataforma electrónica de negociación de valores. En 1993 fundó Interactive Brokers. Según *Forbes*, en 2023 tenía un patrimonio neto de 25.300 millones de dólares.

Timothy Pflueger (San Francisco, 26 septiembre 1892-San Francisco, 20 noviembre 1946). Arquitecto. Con trece años se graduó de estudios primarios y asistió a la escuela de secundaria Mission High Evening School mientras trabajaba como dibujante en el estudio de arquitectura Miller and Colmesnil. Con diecinueve años de edad diseñó la Iglesia de Nuestra Señora del Camino, construida en 1912. Junto con James Rupert Miller, entre 1923 y 1925 diseñó y supervisó la construcción del Pacific Telephone & Telegraph Company, el edificio más alto de San Francisco durante décadas. Sin educación formal en arquitectura, diseñó algunos de los principales rascacielos de su ciudad natal.

Pablo Ruiz Picasso (Málaga, 25 octubre 1881-Mougins, Francia, 8 abril 1973). Uno de los pintores más famosos de la historia. Hijo de un profesor de dibujo, su primera pintura al óleo, *El picador amarillo*, la hizo cuando tenía ocho años de edad. En 1891 la familia se trasladó a La Coruña, donde expuso con trece años su primera exposición de caricaturas y dibujos. En 1895 la familia se mudó a Barcelona, donde cursó dos años en la Escuela de Bellas Artes, en la que su padre era profesor. A partir de 1895 empezó a realizar sus primeros lienzos clásicos. Durante unos meses de 1897 y 1898 estuvo en Madrid, matriculándose en la Academia de San Fernando, pero a cuyas clases apenas asistía, prefiriendo ir al Museo del Prado. En octubre de 1900 fue a París, donde desarrolló la mayor parte de su trabajo como pintor y escultor. Cofundó el cubismo, movimiento artístico que rompió con las leyes de la perspectiva académica.

François Pinault (Les Chams-Géraux, Francia, 21 agosto 1936). Empresario. Dejó de asistir al Lycée Saint-Martin en Rennes con dieciséis años para dedicarse a trabajar en la empresa maderera de su padre. En 1963 fundó su propia empresa de comercio de madera, Pinault S.A., que creció rápidamente y salió en la Bolsa de París en 1988. Comenzó a invertir en cadenas de tiendas especializadas, como Conforama y Fnac. En 1992 creó el holding Artémis, que incluye importantes empresas vitivinícolas y la casa de subastas Christie's. Después pasó a invertir en marcas de lujo, como el Grupo Gucci, las empresas Yves Saint Laurent y Balenciaga. En 2013 cambió el nombre del grupo a Kering. En 2023 tenía junto con su familia un patrimonio neto de 40.100 millones de dólares, según la revista *Forbes.*

Walter Pitts (Detroit, 23 abril 1923-Detroit, 14 mayo 1969). Neurocientífico. Sus teorías han servido en el desarrollo de las ciencias cognitivas y la inteligencia artificial. Aprendió por sí mismo lógica, matemáticas, griego y latín. Con doce años se pasó tres días en una biblioteca leyendo *Principia Mathematica* y luego remitió una carta a Bertrand Russell indicándole los errores que había encontrado. Con quince años asistió por libre a las clases de Russell en la Universidad de Chicago. En 1943 empezó a colaborar con el fundador de la cibernética, Norbert Wiener, en el Instituto Tecnológico de Massachusetts.

Alexander Pope (Londres, 21 mayo 1688-Londres, 30 mayo 1744). Uno de los poetas ingleses más reconocidos del siglo XVIII. Por ser de familia católica no pudo acceder a una educación convencional, incluida la universitaria. Recibió enseñanza privada en su propia casa y después continuó su formación de manera autodidacta, aprendiendo idiomas y leyendo mucha literatura inglesa, francesa, italiana, latina y griega. Tradujo a Homero. Escribió poesía desde los doce años y a los veintitrés publicó *Ensayo sobre la crítica*.

Beatrix Potter (Londres, 28 julio 1866-Lancashire, Inglaterra, 22 diciembre 1943). Escritora, ilustradora y naturalista. Famosa autora de cuentos infantiles de principios del siglo XX. Sus padres eran adinerados rentistas que la obligaron a recibir educación privada por tutores e institutrices, hasta que decidió autoformarse como naturalista examinando pequeños animales, ya que no pudo ingresar en el Real Jardín Botánico de Kew por ser mujer. Le costó bastante tiempo encontrar un editor para su primer cuento, *The Tale of Peter Rabbit*, con sus propias ilustraciones y en el que aparece su personaje más famoso. Tuvo tanto éxito que pudo vivir con las ventas de los siguientes cuentos publicados, hasta un total de veintitrés libros.

Srinivasa Ramanujan (Erode, India, 22 diciembre 1887-Kumbakonam, la India, 26 abril 1920). Matemático que realizó contribuciones extraordinarias en las matemáticas puras, la física y la computación. Estudió en las escuelas locales de varias poblaciones de su India natal. Se matriculó en la escuela secundaria superior de Kangayan, donde se encontró por primera vez con las matemáticas, pero fue con el estudio por su cuenta de un libro de trigonometría avanzada escrito por S. L. Loney con el que dominó esta materia hasta el punto de descubrir teoremas sofisticados con trece años de edad. Tres años después estudió a conciencia y en privado un libro que le prestaron en una biblioteca, *Synopsis of Pure Matyhematics*, de G. S. Carr. Recibió una beca para estudiar en el Government Arts College de Kumbakonam, pero lo abandonó para entregarse exclusivamente a las matemáticas. Lo mismo hizo tras matricularse más tarde en el Pachaiyappa's College de Madrás. En marzo de 1914 fue a Londres invitado por Godfrey H. Hardy, del Trinity College de Cambridge. Fue elegido miembro de la Sociedad Matemática de Londres y de la Royal Society.

Srinivasa Ramanujan.

Joan Riviere (Brighton, Inglaterra, 28 junio 1883-Londres, 20 mayo 1962). Psicoanalista. Con diecisiete años, después de estudiar en el colegio Wycombe Abbey School, se fue a vivir a Alemania. De regreso a Inglaterra, descubrió la obra de Sigmund Freud y Ernest Jones, comenzando con este su terapia psicoanalítica en 1916. Tres años después cofundó la Sociedad

Británica de Psicoanálisis, siendo jefa de traducción de la revista *International Journal of Psycoanalysis* entre 1920 y 1937. Trabajó con Freud, cuya obra tradujo al inglés. En 1930 comenzó a trabajar como psicoanalista. Un año antes publicó su primera obra, *La feminidad como mascarada* y en 1932 *Los celos como mecanismo de defensa.*

John Davison Rockefeller (Richford, EE. UU., 8 julio 1839-Ormond Beach, EE. UU., 23 mayo 1937). Empresario. Fundador de la petrolera Standard Oil. Después de graduarse con dieciséis años en la escuela comercial de Cleveland, empezó a trabajar en una empresa de corredores y comerciantes de grano. Fue contador en varias firmas hasta que, con dieciocho años, cofundó una empresa de corretaje con un préstamo que le hizo su padre, la Clark & Rockefeller, que ya en su primer año obtuvo un beneficio de 4000 dólares y de 16.000 al año siguiente. Después de participar en la creación o desarrollo de numerosas empresas, fundó en 1870 la Standard Oil y en 1882 creó el primer monopolio petrolero del mundo, la Standard Oil Trust. Fue el hombre más rico en su tiempo.

Emily Roebling (Cold Spring, EE. UU., 23 septiembre 1843-Trenton, EE. UU., 28 febrero 1903). Ingeniera. Su apellido de nacimiento era Warren. Estudió en la escuela Georgetown Visitation Convent. En 1864 conoció a Washington Roebling, hijo del diseñador del Puente de Brooklyn. Se casaron el 18 de enero de 1865. Tras la muerte de su padre, Washington se encargó de dirigir las obras del puente, hasta que cayó enfermo debido a la sobrepresión que le causó el buceo para la cimentación del puente con cajones neumáticos. Ella le sustituyó, transmitiendo sus instrucciones a quienes controlaban las obras y aprendiendo por su cuenta física. Su trabajo como ingeniera jefa duró catorce años. El 24 de mayo de 1883 fue inaugurado el puente y durante la ceremonia fue la primera persona en cruzarlo a bordo de un carruaje. En el discurso que pronunció el congresista y futuro alcalde de Nueva York, Abram Stevens Hewitt, reconoció el mérito de Emily con tanto entusiasmo, que mucha gente creyó que había sido la única responsable de la construcción del puente.

Emily Roebling y el puente de Brooklyn.

John Romero (Colorado Springs, EE. UU., 28 octubre 1967). Diseñador de videojuegos, cofundador de Id Software. Comenzó a programar videojuegos en 1979. En 1984 fue publicado en la revista *InCider* su primer trabajo. En 1987 empezó a trabajar en Origin Systems, que dejó para cofundar la compañía Inside Out Software y más tarde Ion Storm.

Carlos Rusconi (Buenos Aires, 2 noviembre 1898-Mendoza, 22 febrero 1969). Arqueólogo, antropólogo, paleontólogo y geólogo. Aficionado al dibujo y la pintura desde los cinco años de edad, intentó matricularse a los dieciocho en la Academia de Bellas Artes de Buenos Aires, pero no fue admitido porque no había concluido la escuela primaria. Aprendió ciencias naturales y especialmente paleontología leyendo libros como *La antigüedad del hombre en el Plata*, de Florentino Ameghino. Aprendió por su cuenta francés, italiano y portugués. En 1935 dirigió la especializada *Revista Argentina de Paleontología y Antropología*. Autor de numerosos libros y artículos.

Harland David Sanders. Más conocido como Coronel Sanders (Henryville, EE. UU., 9 septiembre 1890-Louisville, EE. UU., 16 diciembre 1980). Empresario, fundador de la cadena de restaurantes de comida rápida Kentucky Fried Chicken. Abandonó la escuela con doce años de edad para ayudar en la granja familiar tras morir su padre. Tuvo varios oficios, desde marino mercante hasta granjero, pasando por vendedor de seguros y bombero. Con 38 años abrió una gasolinera con un pequeño restaurante en Corbin con la que se ganó popularidad como cocinero. El gobernador le nombró *Coronel de Kentucky*, máxima distinción honorífica del estado en 1935. Un año después construyó un restaurante con un comedor para 142 comensales, en el que empezó a cocinar su famoso pollo frito a partir de una receta propia que patentó en 1940.

José Saramago (Azinhaga, Portugal, 16 noviembre 1922-Tías, España, 18 junio 2010). Escritor. Premio Nobel de Literatura en 1998. Su verdadero apellido era Sousa. Hijo de campesinos, a los doce años de edad ingresó en una escuela industrial en la que no pudo acabar los estudios porque sus padres no podían seguir pagándolos. Trabajó de mecánico, de cerrajero y luego de administrativo en una oficina de la Seguridad Social. Su primera novela, publicada en 1947, *Terra do pecado*, no tuvo éxito. Durante los siguientes veinte años no se dedicó a la literatura. Trabajó en una compañía de seguros, como periodista y en una editorial. Su primera novela famosa fue publicada en 1980, *Levantado do chão*.

Vicent Joseph Schaefer (Schenectady, EE. UU., 4 julio 1906-Schenectady, 25 julio 1993). Químico y meteorólogo. Cuando tenía dieciséis años, sus padres le pidieron que dejara la escuela secundaria y se pusiera a trabajar, entrando como aprendiz de maquinista en la General Electric. Entre los dieciséis y veinticuatro años estudió por su cuenta, especialmente ciencia. El 13 de noviembre de 1946, siendo investigador en el Laboratorio de General Electric, modificó las nubes en las montañas de Berkshire sembrándolas con hielo seco. Había descubierto el principio de la siembra de nubes. Registró catorce patentes.

Hermann Scherchen (Berlín, 21 junio 1891-Florencia, 12 junio 1966). Director de orquesta. Aprendió muy joven y por su cuenta a tocar la viola. Fue miembro de la Orquesta Berlín Blüthner entre los dieciséis y diecinueve años de edad. Luego tocó en la Orquesta Filarmónica de Berlín. Durante una gira mundial, en 1911 sustituyó en la dirección de la orquesta a Arnold Schoenberg, que había enfermado. En 1914 fue contratado como director de la Orquesta Sinfónica de Riga. Entre 1922 y 1947 se hizo cargo de la Orquesta de Winterthur, simultaneando con la dirección de otras orquestas. Murió mientras dirigía la Orchestra del Maggio Musicale Florentino. Autor de varios libros, *El arte de dirigir la orquesta* está considerado uno de los textos imprescindibles para los estudiantes de dirección de orquesta.

Heinrich Schliemann (Neubukow, Alemania, 6 enero 1822-Nápoles, 26 diciembre 1890). Arqueólogo. Descubridor de la ubicación y restos de Troya. Fue solo unos pocos meses a la escuela de educación secundaria porque su padre tenía problemas económicos. Trabajó de tendero durante cinco años y en Ámsterdam se empleó en una oficina comercial. Estudió por su cuenta y en clases particulares una veintena de idiomas que habló con fluidez, además de griego antiguo, con el que leyó a su autor favorito desde la niñez: Homero. Empleó para el aprendizaje de idiomas un método propio que ha pasado a conocerse como *método Schliemann*. En 1846 fue a Rusia enviado por la compañía comercial para la que trabajaba. Cinco años después abrió su propia oficina de reventa de oro en polvo y ganó una fortuna rápidamente. Viajó por Europa, África, América y Oriente Medio. Afincado en París, se matriculó en Ciencias de la Antigüedad y Lenguas Orientales en la Universidad de la Sorbona, aunque apenas si asistió a las clases. Para entonces ya había aprendido más de quince idiomas. Buscó las ruinas de Troya en Grecia y Asia Menor, encontrándolas en una colina turca cuyas excavaciones comenzó en 1870. Posteriormente hizo otros grandes descubrimientos arqueológicos en Micenas, Tirinto y Orcómeno. Publicó ocho libros. Un cráter lunar y un asteroide tienen su nombre.

Arnold Schoenberg (Viena, 13 septiembre 1874-Los Ángeles, 13 julio 1951). Compositor musical. Su verdadero apellido era Schönberg, que cambió al nacionalizarse estadounidense. A los nueve años ya había aprendido por su cuenta a tocar el violín y a componer música. Con once años ingresó como violonchelista en una orquesta de aficionados, gracias a lo cual conoció al compositor Alexander von Zemlinsky, quien le dio clases de composición durante unos meses. Su aprendizaje, sin embargo, se basó en el estudio de las obras de grandes compositores, como Brahms, Wagner, Mahler, Bach y Mozart. Cuando tenía quince años quedó huérfano de padre y se puso a trabajar como aprendiz en un banco. Zemlinsky le ayudó al principio de su carrera musical, cooperando en la interpretación del Primer Cuarteto para cuerdas en Re menor en la Sala Bösendorf de la Sociedad Musical de Viena en 1898. Su influencia sobre las técnicas de composición durante el siglo XX abarca desde la atonalidad hasta la música electrónica.

Michael Scott (Drogheda, Irlanda, 24 junio 1905-Dublín, 24 enero 1989). Arquitecto. Estudió en el instituto de enseñanza secundaria Belvedere College de Dublín. Entre los dieciocho y los veintiún años trabajó en el estudio arquitectónico de Jones-Kelly. Después abrió su propio estudio, asociándose en 1931 con Norman D. Good. Su primera obra relevante fue la Scott House en Sandycove, en 1938, a la que siguió el año siguiente la Word's Fair de Nueva York. Considerado uno de los fundadores de la arquitectura moderna irlandesa.

Ramón J. Sender (Chalamera, España, 3 febrero 1901-San Diego, EE. UU., 16 enero 1982). Escritor y periodista. Premio Nobel de Literatura en 1935. Estudió bachillerato en centros educativos de Zaragoza, Reus y Alcañiz. Con diecisiete años se marchó solo a Madrid, donde comenzó a escribir artículos y cuentos que publicaba en diversos periódicos, mientras trabajaba como mancebo de botica. Se matriculó en Filosofía y Letras, pero abandonó la universidad para dedicarse a leer en bibliotecas y libros que compraba cuando podía. En 1922 ingresó en el ejército y fue destinado a Melilla, donde conoció de primera mano lo acontecido el año anterior durante el Desastre de Annual. De regreso a Madrid, trabajó como redactor y corrector de varios periódicos. En 1930 apareció su primera novela, *Imán*, basada en el Desastre de Annual. Exiliado tras la guerra civil a México y Estados Unidos. Desde 1943 hasta su muerte dio clases en varias universidades estadounidenses, siendo la última la de California del Sur, en San Diego.

Lee Shau Kee (Shunde, China, 7 marzo 1928). Empresario. Nacido en una familia pobre que podía permitirse comer pescado o carne solo dos veces al mes, se trasladó con veinte años a Hong Kong, donde comenzó a trabajar como comerciante de moneda y de oro. Cofundó en 1958 una empresa de promociones inmobiliarias y cinco años más tarde otra, Sun Hung Kai. En 1976 creó su propia empresa, Henderson Land Development. Según la revista *Forbes*, posee un patrimonio neto de 29.500 millones de dólares.

George Bernard Shaw (Dublín, 26 julio 1856-Ayot St. Lawrence, Inglaterra, 2 noviembre 1950). Dramaturgo. Premio Nobel de Literatura en 1925 y Oscar al mejor guion adaptado en 1938. Primera persona en obtener ambos premios famosos. Entre los nueve y quince años fue a cuatro escuelas. Abandonó los estudios para trabajar como subalterno en una oficina de administradores de fincas. «Las escuelas y los maestros de escuela son prisiones y carceleros en las cuales los niños se mantienen para evitar que molesten y estén con sus padres», escribió. Marchó en junio de 1873 a Londres, donde tuvo varios trabajos como oficinista al tiempo que se pasaba las horas libres leyendo en la biblioteca del Museo Británico (luego Biblioteca Británica). Se ganó la vida como crítico teatral y literario. Publicó varias novelas sin apenas repercusión, hasta que obtuvo un gran éxito de taquilla en 1894 con *El hombre y las armas*. Su obra más famosa es *Pigmalión*, representada por primera vez en versión alemana en el Burgtheater de Viena en 1913.

George Bernard Shaw.

Mary Shelley (Londres, 30 agosto 1797-Londres, 1 febrero 1851). Escritora. Autora de la célebre novela *Frankenstein*. Su apellido de soltera era Godwin. Su madre fue la escritora y filósofa Mary Wollstonecraft. Fue educada por su padre y varios tutores, leyendo los libros de su madre y los que había en la biblioteca de su casa. Durante medio año estuvo internada en Ramsgate. Casada con el filósofo y poeta Percy Shelley, hubo de soportar que los críticos insinuaran que su novela *Frankenstein o el Moderno Prometeo*, publicada en 1818, había sido en realidad escrita por él. Autora de novelas, ensayos, poemas y biografías, no se conserva ningún ejemplar de las obras que escribió antes de 1817.

George Smith (Chelsea, Inglaterra, 26 marzo 1840-Alepo, Siria, 19 agosto 1876). Asiriólogo, descubridor de la antigua ciudad de Karkemish y traductor de la *Epopeya de Gilgamesh*, la obra épica más antigua conocida. De familia humilde, a los catorce años de edad abandonó los estudios para entrar como aprendiz en una editorial londinense. Pasaba sus horas libres leyendo en el Museo Británico obras relacionadas con la cultura asiria, especialmente las tablillas cuneiformes descubiertas en Mosul entre 1840 y 1855. En 1871 publicó los *Anales de Assur-bani-pal* y al año siguiente alcanzó fama mundial por su traducción del caldeo del *Diluvio universal*.

Steven Soderbergh (Atlanta, 14 enero 1964). Productor, director y guionista de cine y televisión. Se trasladó de niño con su familia a Baton Rouge, donde cursó estudios en la escuela secundaria Louisiana State University Laboratory School. Empezó a realizar cortometrajes antes de finalizar sus estudios. En vez de ingresar en la universidad, se fue a Hollywood para trabajar como anotador en un programa de juegos y luego como editor de cine. En 1989 se estrenó su primera película como director y guionista, *Sex, Lies, and Videotape*. En 2000 ganó el premio Oscar como mejor director.

Mary Somerville (Jedburgh, Escocia, 26 diciembre 1780-Nápoles, Italia, 28 noviembre 1872). Matemática y astrónoma. En 1835 fue elegida, junto con Caroline Herschel, como las primeras mujeres miembros honorarias de la Royal Astronomical Society. Fue al colegio solo un curso, con diez años de edad. Se autoeducó leyendo en su casa y aprendiendo latín con ayuda de un tío suyo. En 1794 se trasladó con su familia a Edimburgo, donde recibió clases de costura, piano y pintura. Su profesora de pintura la introdujo en las matemáticas regalándole unos libros de Euclides y un tutor de su hermano le facilitó libros de álgebra. Aprovechó una herencia que recibió para comprar una biblioteca de libros científicos, aprendiendo astronomía, química, geografía, microscopía, electricidad y magnetismo. «Estudié trigonometría plana y esférica, secciones cónicas y astronomía de Ferguson», escribiría más tarde. En 1816 se fue a vivir a Londres con su segundo marido. Mientras criaba a sus hijos, realizó experimentos sobre luz y magnetismo. En 1827 tradujo al inglés *La mecánica celeste*, una obra de cinco tomos de Laplace, que fue un éxito de ventas. Vivió en París en 1832 y 1833, donde escribió *La conexión de las ciencias físicas*, publicado en Londres en 1834. Autora de ocho ensayos científicos, contribuyó a la popularización de la astronomía. Fue miembro de la Real Academia de Irlanda, la Sociedad Estadounidense de Geografía y Estadística, de la Sociedad Geográfica Italiana y de la American Philosophical Society. Un cráter lunar y un asteroide tienen su nombre.

Mary Somerville.

Herbert Spencer (Derby, Inglaterra, 27 abril 1820-Brighton, Inglaterra, 8 diciembre 1903). Filósofo, antropólogo, sociólogo y psicólogo. Fue el intelectual europeo más famoso en las últimas décadas del siglo XIX, considerado el fundador del darwinismo social. Fue educado por su padre y su tío, vicario de Hinton Charterhouse, que le dio nociones básicas de matemáticas, física y latín. Su autoformación se basó en la lectura y las tertulias. Trabajó para una empresa de ferrocarril y para la revista *The Economist*. Publicó su primer libro, *Social Statics*, en 1851. Siendo ya famoso, rechazó los numerosos honores y nombramientos que las instituciones docentes y académicas le ofrecieron.

Steven Spielberg (Cincinnati, EE. UU., 18 diciembre 1946). Director, guionista y productor de cine. Siendo adolescente realizó películas de 8 mm. Trasladado a California con su padre, estudió en la Escuela Secundaria Arcadia de Phoenix y en la Saratoga High School hasta los dieciocho años. Se presentó tres veces en la Escuela de Teatro, Cine y Televisión de la University of Southern California, pero no fue admitido. Se matriculó en la California State University, Long Beach, pero no concluyó los estudios. Entró a trabajar en Universal Studios como pasante no remunerado y realizó su primer cortometraje en 1968. El éxito de su telefilme *Duel* (*El diablo sobre ruedas*) en 1971 facilitó el estreno de su primer largometraje en 1974, *The Sugarland Express (Loca evasión)*. Ha ganado cuatro premios Oscar, dos como mejor director y dos a la mejor película. Doctor *honoris causa* de la California State University.

Bruce Springsteen (Long Branch, EE. UU., 23 septiembre 1949). Cantante y compositor. Cursó estudios en varios colegios y se graduó en la escuela regional secundaria pública de Freehold, aunque no quiso asistir a la ceremonia de graduación. Fue unos meses al Ocean County College antes de abandonar definitivamente los estudios. Compró su primera guitarra cuando tenía trece años de edad. Con dieciséis, empezó como guitarrista en el grupo *The Castiles*, banda que se disolvió en 1968. Después de tocar en otros grupos, firmó en 1972 contrato con Columbia Records y publicó su primer álbum, *Greetings from Asbury Park, N.J.*, al año siguiente. Le han seguido otros 25 álbumes hasta 2022.

John Steinbeck (Salinas, EE. UU., 27 febrero 1902-Nueva York, 20 diciembre 1968). Escritor. Premio Pulitzer en 1940 y Nobel de Literatura en 1962. Se graduó con diecisiete años en la escuela secundaria de su ciudad natal. Se matriculó en la Universidad de Stanford para estudiar literatura inglesa, pero la abandonó en 1925 sin haberse graduado. Durante un año tuvo diversos trabajos en Nueva York y luego, de regreso a California, se empleó como guía turístico y fabricante de maniquíes de yeso. Gracias al soporte económico de su padre, a partir de 1928 se dedicó plenamente a escribir, aunque también hubo de aceptar asistencia social para sobrevivir, hasta que empezó a tener éxito con sus novelas, a partir de 1935.

Louis Sullivan (Boston, 3 septiembre 1856-Chicago, 14 abril 1924). Arquitecto. Con dieciséis años se graduó de secundaria en el English High School. Fue aceptado en el Instituto Tecnológico de Massachusetts, pero abandonó los estudios al final del primer año. Tuvo dos breves aprendizajes en los estudios arquitectónicos de Frank Furness en Filadelfia y de William Le Baron Jenney en Chicago. Con dieciocho años viajó a Europa, se inscribió en la École des Beaux-Arts de París, pero solo fue a clases durante un año. Regresó a Chicago en 1875 y trabajó brevemente como dibujante en varias firmas, antes de unirse a Dankmar Adler para fundar en 1879 el estudio de arquitectura Adler&Sullivan, que comenzó una corriente que sería la base de la arquitectura moderna. Además de los edificios proyectados con Adler, firmó otros 256 trabajos. En 1894 escribiría acerca de la educación formal: «Cuán extraño parece que la educación, en la práctica, tan a menudo significa supresión: que en lugar de dirigir la mente hacia afuera a la luz del día, aglomera cosas que la oscurecen y la fatigan».

Lars Svensson (Estocolmo, Suecia, 30 marzo 1941). Ornitólogo de gran reconocimiento internacional. Aficionado desde niño al estudio de las aves, se especializó en la identificación de las paseriformes. Publicó la *Guía para identificación de los paseriformes europeos* en 1970. Fue editor de la revista científica *Vår Fågelvärld* entre 1971 y 1974. Nombrado doctor *honoris causa* por la Universidad de Upsala en 2004.[188]

Rabindranath Tagore (Calcuta, 7 mayo 1861-Calcuta, 7 agosto 1941). Escritor, filósofo y músico. Premio Nobel de Literatura en 1913. Nació en el seno de una familia de artistas. Con diecisiete años viajó a Inglaterra, para estudiar en un colegio privado de Brighton. Se matriculó en el University College de Londres, pero no terminó sus estudios y regresó a la India al cabo de un año. Con veinte años empezó a publicar sus primeras obras de teatro y de poesía, a las que se unieron varias novelas a partir de 1901, año en el que fundó una escuela en Santiniketan, Hogar de la Paz, con un sistema pedagógico basado en la libertad intelectual. Una vez alcanzado el éxito, viajó por muchos países de Asia, Europa y América impartiendo conferencias. Dos de sus canciones son los himnos nacionales de la India y Bangladés.

---

188 *Cf.* MAESTRE, Josefina. «Lars Svensson, sabio de los pájaros y autor de una de las guías de mayor trascendencia en Europa». *SEOBirdLife:* https://seo.org/lars-svensson-sabio-de-los-pajaros-y-autor-de-una-de-las-guias-de-mayor-trascendencia-en-europa/

Rabindranath Tagore.

Quentin Tarantino (Knoville, EE. UU., 27 marzo 1963), uno de los directores y guionistas de cine más reconocidos de nuestro tiempo, jamás estudió cinematografía. Asistió a la escuela superior de Narbonne en Harbor City durante un año, antes de abandonarla. Uno de sus primeros empleos fue en un videoclub. Afirma que simplemente observando las películas y cómo estaban estructuradas aprendió a crear cintas de calidad. «Cuando la gente me pregunta si fui a la escuela de cine les digo: no, fui al cine».[189]

---

189 WALKER, Andrew. «Caras de la semana. Quentin Tarantino». *BBC NEWS*, 14 mayo 2004. http://news.bbc.co.uk/2/hi/uk_news/magazine/3712013.stm

Georg Philipp Telemann (Magdeburgo, Alemania, marzo 1681-Hamburgo, 25 junio 1767). Compositor de música, considerado el más prolífico de la historia. Descubrió su interés por la música con diez años de edad y compuso su primera obra con doce. Pero su madre se opuso a que se dedicase a la música y lo envió a un internado, donde el director sin embargo permitió que siguiera su autoaprendizaje musical cuando descubrió su talento. En 1701 se matriculó por indicación de su madre en la Universidad de Lepizig para estudiar leyes, pero de nuevo su talento musical fue descubierto y al poco tiempo fundó una sociedad de cuarenta miembros que organizaba conciertos. Con veintiún años fue nombrado director de la Ópera de Leipzig. Naturalmente, abandonó los estudios de leyes.

Nikola Tesla (Smiljan, Imperio austríaco, actual Croacia, 10 julio 1856-Nueva York, 7 enero 1943). Ingeniero e inventor. Fue a una escuela de secundaria en Karlovac y después comenzó estudios de ingeniería eléctrica en la Universidad de Graz, abandonándola al tercer año, al parecer por su adicción ludópata. Por insistencia paterna, en 1880 se matriculó en la Universidad Carolina de Praga, aunque solo completó un curso, abandonándola tras la muerte de su padre. Se trasladó a Budapest, donde comenzó a trabajar en una compañía de telégrafos, en la que ya era jefe de electricistas en 1881. Al año siguiente se fue a París para trabajar como ingeniero en una de las empresas de Edison y en 1884 llegó a Nueva York. Entre sus inventos más destacables están el generador de corriente alterna, la transferencia inalámbrica de energía eléctrica mediante ondas electromagnéticas, la lámpara fluorescente, el control remoto o la bujía para encendido de motores de explosión.

Flora Tristán (París, 7 abril 1803-Burdeos, 14 noviembre 1844). Escritora, filósofa, una de las precursoras del feminismo. Hija natural, con siete años vivió en la pobreza con su madre. Con dieciséis empezó a trabajar en una litografía y al año siguiente se casó. Debido a los malos tratos que recibía, huyó con sus hijos cuando tenía veintidós años. Su marido la persiguió y amenazó incansablemente. Después de estar año y medio en Perú y Londres, regresó a Francia, donde publicó su diario *Peregrinaciones de una paria*, al que siguieron cuatro libros más. Emprendió campañas por los derechos de los trabajadores y la emancipación de la mujer. Fue la creadora de la consigna *Proletarios del mundo, uníos.*

Flora Tristán.

Harry S. Truman (Lamar, EE. UU., 8 mayo 1884-Kansas City, 26 diciembre 1972). Presidente de los Estados Unidos entre 1945 y 1953. Su padre era agricultor y ganadero. Su madre le enseñó a leer y le introdujo en la historia y la música (piano). Con dieciséis años se graduó de secundaria en una escuela de Independence y luego trabajó en varios oficios, como cronometrador en la estación de ferrocarril de Santa Fe o en la oficina de Correos de Kansas City. Nunca llegó a ir a la universidad por razones económicas y tampoco pudo ingresar en la academia militar de West Point porque padecía problemas de visión.

Horace Trumbauer (Filadelfia, 28 diciembre 1868-Filadelfia, 18 septiembre 1938). Arquitecto. Su único entrenamiento formal fue como aprendiz en la firma de G.W. & W.D. Hewitt, donde trabajó durante siete años. Después, con veintiún años, abrió su propio estudio de arquitectura. Su primera obra importante fue un encargo del magnate azucarero William Welsh Harrison: la mansión al estilo de castillo neogótico Grey Towers, situada en el campus de la Arcadia University, en Glenside. Se especializó en mansiones residenciales para ricos y luego diseñó también hoteles y edificios de oficinas, iglesias, escuelas, bibliotecas, estaciones, cementerios…, hasta un total de 71.

Konstantín Tsiolkovski (Izhévskoye, Rusia, 17 septiembre 1857-Kaluga, Rusia, 19 septiembre 1935). Físico, conocido como impulsor de la cosmonáutica. Al quedarse sordo por culpa de la escarlatina cuando tenía diez años, se autoeducó en las bibliotecas moscovitas y leyendo libros de su padre. Con veintitrés años se examinó y obtuvo el título de maestro nacional. Publicó más de quinientos trabajos sobre astronáutica, basándose esta en gran medida en su *ecuación del cohete*.

Miembro de la Academia Socialista de Ciencias Sociales. Un cráter lunar y un asteroide tienen su nombre.[190]

Konstantin Tsiolkovski.

Mark Twain (Florida, Misuri, EE. UU., 30 noviembre 1835-Redding, EE. UU., 21 abril 1910). Seudónimo de Samuel Langhorne Clemens. Escritor de fama mundial. Estudió hasta los once años. Al año siguiente empezó a trabajar como aprendiz de impresor, llegando a ser tipógrafo con quince años. Viajó

190 YANES, Javier. «Konstantín Tsiolkovsky, de campesino sin estudios a padre de la astronáutica». *OpenMindBBVA:* https://www.bbvaopenmind.com/ciencia/grandes-personajes/konstantin-tsiolkovsky-de-campesino-sin-estudios-a-padre-de-la-astronautica/

trabajando como impresor, piloto de barco en el río Misisipi, minero y periodista. Se formó a sí mismo leyendo en bibliotecas públicas. Su primer éxito llegó cuando en noviembre de 1865 fue publicado en el semanario neoyorquino su cuento humorístico *La célebre rana saltadora del distrito de Calaveras*. La primera de sus novelas más famosas fue *Las aventuras de Tom Sawyer*, editada en 1876. Recibió en 1907 el título de doctor *honoris causa* por la Universidad de Oxford.

Vicent van Gogh (Zundert, Países Bajos, 30 marzo 1853-Auvers-sur-Oise, Francia, 29 julio 1890). Pintor que alcanzó fama universal póstumamente. Estudió en varios internados, en los que aprendió francés y alemán. Se matriculó en la escuela secundaria HBS Koning Willem II de Tiburg, que abandonó a los quince años de edad. Un año después comenzó a trabajar en una galería de arte de La Haya. Fue destinado a Londres cuando tenía veinte años y a París con veintidós. Al ser despedido regresó a Inglaterra, donde trabajó como maestro y ayudante de predicador metodista. En 1878 se trasladó a Ámsterdam, donde quiso hacerse teólogo. Aunque no lo consiguió, fue enviado como misionero a las minas belgas de Borinage. Se estableció en Bruselas en 1880 y se dedicó a la pintura con la ayuda económica de su hermano Theo, que era marchante de arte. Entre 1880 y 1890 realizó unas 900 pinturas y más de 1600 dibujos.

Anton van Leeuwenhoek (Delft, Países Bajos, 24 octubre 1632-Delft, 26 agosto 1723). Biólogo. Considerado el precursor de la biología celular y de la microbiología. Hijo de comerciantes de cestas. Con dieciséis años fue a Ámsterdam para trabajar como aprendiz de tratante de telas y luego como contable y cajero. En 1653 compró un microscopio simple que se utilizaba para la observación de las telas y al año siguiente regresó a Delft, donde abrió su propio comercio de telas y mercería.

Durante los años siguientes construyó microscopios cada vez más potentes, con los que empezó a hacer descubrimientos biológicos, como los protozoarios y los espermatozoides. Fue nombrado miembro de la Royal Society en 1860. Tienen su nombre un cráter lunar y un asteroide.

Orson Welles (Kenosha, EE. UU., 6 mayo 1915-Los Ángeles, 10 octubre 1985). Director, actor, guionista y productor de cine. Nacido en una acomodada familia, fue educado por su madre durante su infancia, especialmente en las diferentes formas de arte. El periódico local de su ciudad natal publicó un artículo bajo el título «Orson Welles, dibujante, actor, poeta y no tiene más de diez años». Sin embargo, no sabía sumar y tenía pavor por las matemáticas. Estudió en una escuela primaria de Madison (Wisconsin) y en la Todd School de Illinois, pero no fue a la universidad. Con dieciséis años viajó por Europa y posteriormente creó varias compañías de teatro en su país. En 1938 fue llamado a Hollywood después de hacerse famoso al representar como locutor en un programa de la CBS una adaptación de *La guerra de los mundos*, de H.G.Wells, que hizo creer a los oyentes que se estaba produciendo una invasión de extraterrestres. Su mejor película, considerada también una de las mejores de la historia del cine, *Ciudadano Kane*, fue estrenada en 1941.

Benjamín West (Rehoboth, EE. UU., marzo 1730-Providence, EE. UU., 26 agosto 1813). Astrónomo y matemático. Hijo de granjeros, se mudó siendo niño con su familia a Bristol, donde recibió durante unos meses educación por parte de un reverendo. Luego se autoeducó en la lectura, aprendiendo francés por su cuenta. Trabajó como maestro, tendero y sastre. Fue profesor de matemáticas y astronomía en la Academia Episcopal Protestante de Filadelfia en 1787 y a partir del año siguiente en el Rhode Island College de Brown, hasta 1799. Se mudó a Newport para abrir una escuela de navegación y después se mudó a Providence, donde trabajó como director de correos. Publicó varios libros sobre sus observaciones astronómicas, como *Un relato de la observación de Venus sobre el Sol el tercer día de junio de 1769*, por el que fue nombrado miembro honorario de la Sociedad Filosófica Estadounidense y recibió la Maestría honoraria en Artes del Cambridge College.

Evan Williams (Clarks, EE. UU., 31 marzo 1972). Empresario y bloguero. Nació y creció en una granja. Estudió en el Columbus High School y fue durante año y medio a la Universidad de Nebraska-Lincoln, que dejó para viajar y trabajar en varias empresas tecnológicas de Florida y Texas. Con veinticuatro años se fue a California y se afincó en Sebastopol, donde empezó a trabajar para la empresa O'Reilly Media. Luego se independizó y colaboró con compañías como Intel y Hewlett-Packard. En enero de 1999 cofundó Pyra Labs, empresa que acuñó el término blog y creó el servicio de Blogger. En 2003, Pyra fue adquirida por Google. Cofundó Twitter.

Mary Wollstonecraft (Londres, 27 abril 1759-Londres, 10 septiembre 1797). Escritora y filósofa. Estableció las bases del feminismo. Después de trabajar un año como institutriz decidió dedicarse a la literatura, tratando de convertirse en «la primera de un nuevo género», según escribió a su hermana Everina en 1787. Aprendió francés y alemán y comenzó a trabajar para una editorial como redactora de reseñas y traductora. Su primera obra publicada, en 1787, fue *Reflexiones sobre la educación de las hijas*, a la que siguieron diecisiete libros más, entre ellos, *Vindicación de los derechos de la mujer*, publicado en 1792, reconocido como el libro fundacional del feminismo. Su hija Mary Shelley fue la autora de *Frankenstein*.

Mary Wollstonecraft.

Granville Tailer Woods (Columbus, EE. UU., 23 abril 1856-Nueva York, 30 enero 1910). Ingeniero. Inventor del *Multiplex Telegraph* o telégrafo del ferrocarril, dispositivo que hizo más seguro el servicio del ferrocarril y del tranvía. Registró casi sesenta patentes. Solo asistió a la escuela hasta que tuvo diez años. Comenzó trabajando como aprendiz de herrero, maquinista, electricista y bombero de ferrocarril. Leía libros que le proporcionaban amigos blancos de las bibliotecas, ya que él no tenía acceso por ser afroamericano.

Frank Lloyd Wright (Richland Center, EE. UU., 8 junio 1867-Phoenix, 9 abril 1959). Arquitecto. Estudió dos cursos de ingeniería en la Universidad de Wisconsin-Madison, pero abandonó la carrera para irse a Chicago, donde trabajó en los estudios arquitectónicos de Joseph Lyman Silsbee y Louis Sullivan. Influido por su niñez y juventud en una granja, diseñó entre 1893 y 1894 la Casa Winslow fuertemente integrada en su entorno, inaugurando así la que se llamaría la Prairie School (Escuela o estilo Pradera). Diseñó más de mil obras, de las que se completaron 532. En 2019 fueron declaradas por la Unesco ocho obras suyas Patrimonio de la Humanidad.

Wilbur, Orville y Katharine Wright (Millville, EE. UU., 16 abril 1867-Dayton, 30 mayo 1912; Dayton, 19 agosto 1871-Dayton, 30 enero 1948; y Dayton, 19 agosto 1874-Kansas City, 3 marzo 1929). Ingenieros, empresarios, inventores y aviadores. Considerados los pioneros de la aviación. Sin haberse graduado en la escuela secundaria, fundaron una fábrica de bicicletas en 1892. Empezaron a construir sus planeadores en septiembre de 1900 y el 17 de diciembre de 1903 Orville realizó el que se considera el primer vuelo de un avión tripulado y semipropulsado con éxito. Patentaron su invento el 22 de mayo de 1903.

Reinhold Würth (Öhringen, Alemania, 20 abril 1935). Empresario. Con diecinueve años hubo de abandonar los estudios para hacerse cargo de la empresa familiar tras la muerte de su padre. La empresa estaba ubicada en el pequeño pueblo de Künzelsau, se dedicaba al comercio mayorista de tornillos y había sido fundada por su padre en 1945. En seis décadas, ha convertido una empresa de dos empleados en un conglomerado, Grupo Würth, con presencia en los cinco continentes, dedicada a la comercialización de toda clase de productos de fijación y montaje, así como químicos, herramientas de mano e instrumentos de perforación y corte. A finales de 2022 tenía 82.016 empleados y facturaba casi 20.000 millones de euros anuales. En 1998 le fue otorgado el título de doctor *honoris causa* en Ciencias Políticas por la Universidad de Eberhard Karls de Tubinga. Según *Forbes*, Würth y su familia poseen un patrimonio neto de 29.700 millones de dólares.

Eliezer Yudkowsky (Chicago, 11 septiembre 1979). Escritor, bloguero y promotor del concepto de inteligencia artificial amigable. No fue a la escuela secundaria y estudió por su cuenta, trasladándose a San Francisco, donde cofundó en 2000 la compañía no lucrativa Singularity Institue for Artificial Intelligence, que luego pasaría a llamarse Machine Intelligence Research Institute. Contribuyó en la creación del blog *Overcoming Bias*, con el patrocinio del Future of Humanity Institute de la Universidad de Oxford y cofundó en 2009 *LessWrong*, un blog colectivo dedicado a mejorar las herramientas de la racionalidad. En 2001 publicó *Creando IA Amigable*, al que siguieron otros siete libros. En 2017 apareció *Equilibrios inadecuados*, donde aborda nociones como los mercados eficientes, la información asimétrica y las trampas cognitivas. En el capítulo cuarto presume de su condición de autodidacta: «Me he encontrado con varias personas que me preguntan cosas como "¿por qué vosotros los del Machine Intelligence Research Institute pensáis que lo hacéis mejor que los académicos?". Yo respondo que somos un pequeño instituto de investigación que se sostiene por donantes individuales, y que por lo tanto se pone al margen de las exorganizativas estándar que colectivamente crean malos incentivos para el tipo de investigación que llevamos a cabo. Describí cómo deliberadamente nos habíamos organizado para alejarnos de incentivos que desalientan proyectos de investigación sustantivos a largo plazo, para evitar la dinámica académica "publica o perece", y más generalmente para navegar alejados de las múltiples fronteras de competitividad dentro de las cuales los investigadores tienen que gastar toda su energía compitiendo para dar a conocer sus trabajos en las mejores publicaciones».

Frank Zappa (Baltimore, EE. UU., 21 diciembre 1940-Los Ángeles, 4 diciembre 1993). Compositor y productor musical, cantante y director de cine. Debido a la profesión de su padre, la familia se trasladaba con frecuencia por el país, de manera que Frank estudió en seis escuelas secundarias. Solo fue un trimestre a la universidad. Con doce años ya tocaba la batería y fundó su primera banda, *The Blackouts.* Su actitud desdeñosa hacia la educación formal la expuso siendo famoso durante una entrevista en la que exhortó: «Abandone la escuela antes de que su mente se pudra por la exposición a nuestro mediocre sistema educativo». Sacó a sus propios hijos de la escuela cuando tenían quince años.

Mark Zuckerberg (White Plains, EE. UU., 14 mayo 1984). Empresario. Estudió en el Colegio Ardsley y en la Phillips Exeter Academy de Nueva Hampshire, donde comenzó a utilizar ordenadores y a programar. Con dieciocho años creó con un amigo una aplicación para reproducir canciones basándose en las preferencias y selecciones previas de los usuarios. En 2003 ingresó en la Universidad de Harvard, en cuya solicitud afirmaba hablar y escribir francés, hebreo, latín y griego antiguo. En 2004 creó Facebook y al año siguiente abandonó la carrera de Ciencias de la Computación. En 2021 fundó el conglomerado tecnológico Meta Platforms Inc. Apareció como el multimillonario más joven en la revista *Forbes* en 2018, con una fortuna valorada en 73.200 millones de dólares. En 2023 su patrimonio neto es de 64.400 millones, según la misma publicación.

Peter Zumthor (Basilea, Suiza, 26 abril 1943). Arquitecto. Fue aprendiz de ebanista durante su adolescencia. Estudió diseño durante cuatro años en la Kunstgewerbeschule o escuela de las artes y artesanías de Basilea. Durante unos meses de 1967 asistió a clases de diseño industrial en el Pratt Institute de Nueva York.

De vuelta a Suiza, trabajó en el departamento de Conservación de los Monumentos, en la región de los Grisones. En 1979 abrió su propio estudio arquitectónico en Haldestein. Recibió el premio Pritzker en 2009. En una entrevista publicada en la revista *New York Times Magazine* en 2011, se enorgullecía de no haber obtenido el título de arquitecto, mencionando a otros dos célebres autodidactas: «Mies van der Rohe y Le Corbusier procedían de una tradición en la que los arquitectos todavía sabían cómo se hacían las cosas, cómo hacer las cosas bien. Debemos obligar a las universidades a formar carpinteros y trabajadores del cuero. Los arquitectos quieren ser filósofos o artistas ahora. Tengo suerte de haber tenido mi educación, porque en los Estados Unidos, en particular, se ha perdido el contacto con el verdadero negocio de la construcción». Da clases en las universidades de Harvard, Múnich y Suiza Italiana, y en el Southern California Institute of Architecture de Los Ángeles.

Epílogo

Soy consciente de que este librito puede parecer pedante a simple vista, pero afirmo con completa sinceridad que su escritura no ha sido impulsada por la presunción, sino con el ánimo de prestar recatada cooperación a quienes puedan estar interesados en formarse a sí mismos; especialmente si son jóvenes.

Porque la idea de escribir estas páginas surgió un día indeterminado después de alguna de las muchas conversaciones que mantengo con mis nietos. Conversaciones en las que me explayo solo y cuando ellos me lo piden, ya que, desde hace tiempo, para evitar convertirme en el típico abuelo de cháchara abundante y aburrida, decidí que me extendería en mis explicaciones únicamente cuando ellos así me lo requiriesen. Es por tanto a mis nietos David y César a quienes debo agradecer que me infundieran, quizá sin pretenderlo, la necesidad de redactar este manual. Un manual que, sin embargo, y como explica muy bien Ángeles López en el prólogo, no pretende ser la guía de nadie, y mucho menos de un o una autodidacta, sino más bien un prontuario amable y empírico que sirva tanto de sugerencia como de entretenimiento. También a ella, a Ángeles, mi editora, aprovecho para darle las gracias por su confianza, su asesoramiento y su amistad.

Desconozco las consecuencias que el lector haya podido sacar de la lectura de las páginas anteriores, pero confío en que mi voluntad de exponer unas ideas básicas, aunque a mi parecer relevantes, hayan servido para que el resultado sea satisfactorio. Hemos procurado argüir razones favorables al autoaprendizaje sin por ello enfrentarnos a la educación reglada, hemos explicado lo que es el autodidactismo y cómo ha sufrido un duradero y reciente ostracismo, hemos presentado algunos métodos y herramientas para avanzar en la formación propia y referido sus principales ventajas, así como algunos de sus riesgos, tales como la inestabilidad horaria o el caer en una mera caricatura si nos limitamos a aprender una colección de citas.

El autodidactismo ha sido una constante en la historia de la humanidad. Grandes figuras del pensamiento, la ciencia y la literatura han sido autodidactas, demostrando que el aprendizaje va más allá de los límites de las instituciones. Albert Einstein, por ejemplo, afirmó: «La educación es lo que queda después de olvidar lo que se ha aprendido en la escuela». Su insaciable curiosidad lo llevó a desafiar los conceptos establecidos, aprendiendo por sí mismo lo que las aulas no podían enseñarle.

Por cierto, las citas ajenas son valiosas si son de cosecha propia, si las hemos extraído personalmente de textos leídos, de lo contrario corremos el peligro de hacer el ridículo al arrastrar también errores anteriores. Así ocurre, por ejemplo, con frases tan conocidas como la atribuida a don Quijote: «Ladran, Sancho, señal que cabalgamos», que no aparece en la obra maestra de Cervantes y que está entresacada del poema de Goethe *Labrador* (1808), en el que se lee: «Pero el ruidoso sonido de sus ladridos / solo demuestra que cabalgamos». Tampoco la célebre frase que comienza diciendo «Cuando los nazis vinieron a llevarse a los comunistas, guardé silencio...» la escribió o pronunció Bertolt Brecht, sino que es de un pastor protestante alemán llamado Martin Niemöller (1892-1984).

«Aprender sin reflexionar es malgastar la energía», decía Confucio. He tratado por tanto de ofrecer al lector mi experiencia personal y parte de los conocimientos que he adquirido en mis años de vida, con la intención de poner en valor la instrucción de uno mismo tanto en el ámbito intelectual como moral, empleando las herramientas que están hoy en día al alcance de casi todo el mundo, desde el libro hasta internet, si bien mis preferencias siguen estando en el papel, mi querido papel impreso que tanto me ha acompañado desde niño.

Hace muchos años publiqué un artículo titulado *Queridísimos míos* dedicado a mis libros. No a los que yo he escrito, sino a los que he leído y aún poseo en mi biblioteca. Eran mi gran tesoro y siguen siéndolo, aunque en los últimos años he debido desprenderme de algunos debido a la falta de espacio. Los he cedido como se cede a un ser querido, cerciorándome de que iban a estar bien cuidados. Porque mi vida sin los libros no existiría tal como es y ha sido.

«Lee y conducirás, no leas y serás conducido», decía Santa Teresa de Jesús. No recuerdo exactamente cuál fue el primer libro que leí después de que me enseñara a leer mi tía Paquita cuando solo tenía tres años (no solo me enseñó a leer, también a escribir, a dibujar, las reglas básicas de la aritmética y juegos didácticos de construcción con piezas de madera), pero sí que tengo en mi mente muy presente el que me causó mayor emoción, el que me hizo enamorarme de la literatura: *Corazón*, de Edmundo de Amicis. La historia del niño Enrico me cautivó y me abrió el camino por una senda en la que encontré a otros muchos amigos de mi edad: Tom Sawyer, Huckleberry Finn, Lázaro de Tormes...

El autodidactismo es también una lucha constante contra la comodidad del pensamiento único. Nikola Tesla, inventor y visionario, nunca se conformó con lo aprendido en la escuela y afirmó: «El presente es de ellos, pero el futuro es mío». Esa perseverancia en la búsqueda del conocimiento, sin depender de estructuras establecidas, es lo que permite que el autodidacta siga creciendo.

Las novelas históricas me encaminaron hacia los ensayos de la mano de varios autores, sobre todo de Sender y sus relatos *La aventura equinoccial de Lope de Aguirre* e *Imán*. Descubrí que los libros de historia me entretenían tanto como las aventuras ficticias. También las biografías me ayudaban a comprender mejor los entresijos literarios de mis autores preferidos, aunque a veces me decepcionaban como personas. «El que no conoce su historia está condenado a repetirla», dijo Cicerón, y en mi caso, la lectura de historia fue una forma de entender el mundo en el que vivo.

En esta formación de mí mismo que he llevado a cabo durante más de medio siglo he contado con la ayuda de personas que han sido importantes para mí. El autodidacta se forma a sí mismo, pero aprende con la colaboración ajena en momentos claves, sobre todo en la infancia y en la adolescencia. Ya he mencionado a algunas personas que me han influido de manera más o menos determinante. A ellos tendría que sumar muchos más nombres en el capítulo de agradecimientos. Para la publicación de este libro, por ejemplo, han contribuido otros dos amigos: Enrique Riquelme y Matías Pérez Such.

Pero hay una persona que lleva acompañándome en esta vida desde hace más de medio siglo y que es quien más ha influido en mí como persona, ha sido testigo de mi evolución y me ha apoyado, animado y protegido en este proceso vital de autoformación. Me refiero a mi esposa, Puri. Gracias a ella he podido dedicar mucho de mi tiempo al autoaprendizaje. Gracias a ella he conseguido mis logros más satisfactorios. Me conoció cuando empezaba a escribir y a intentar publicar, y desde entonces nunca ha dejado de alentarme, de facilitarme la vida, de cuidarme y de criticarme con lealtad y sinceridad.

Ella también es autodidacta, como tantas otras mujeres nacidas al principio de la década de los 50. Empezó a trabajar con quince años y, pese a ser madre joven, cursó estudios universitarios. Se ha esforzado mucho en su autoformación intelectual y moral, aunque he de confesar que no ha podido dedicar tanto tiempo a ello como yo porque ha tenido más responsabilidad en la crianza de nuestros hijos. Su sacrificio es una espina que tengo clavada.

Fuentes

BIBLIOGRAFÍA

AQUINO, Santo Tomás. *Suma teológica mínima.* Tecnos. Madrid, 2014.

ARANGUREN, J.L. *Ética de la felicidad y otros lenguajes.* Tecnos. Madrid, 1988.

ARISTÓTELES. *Ética a Nicómaco.* Instituto de Estudios Políticos. Madrid, 1960.

__, *Metafísica.* Gredos. Madrid, 1970.

ARRIANO, Lucio Flavio. *Equiridion, o manual de Epicteto.* CreateSpace Independent Publishing Platform, 2013

BAR, Moshe. *Divagando: virtudes de la deriva mental.* Kairós. Barcelona, 2022.

BERNABÉ, Alberto. *De Tales a Demócrito.* Alianza. Madrid, 1988.

BOTHA, Ted. *La chica de la nariz torcida: muerte y obsesión en la vida de un escultor forense.* Alba. Barcelona, 2009.

BUENO, David. *Educa tu cerebro.* Grijalbo. Barcelona, 2024.

BUSS, David D. *La evolución del deseo.* Alianza. Madrid, 1996.

CADALSO Y VÁZQUEZ DE ANDRADE, José. *Los eruditos a la violeta.* Imp. Antonio de Sancha. Madrid, 1772.

CANETTI, Elías. *Masa y poder.* Alianza. Madrid, 1982.

CARR, Nicholas G. *Superficiales: ¿Qué está haciendo internet con nuestras mentes?* Trad. Pedro Cifuentes Huertas. Taurus. Madrid, 2017.

CAVALLI-SFORZA, Luigi Luca. *Genes, pueblos y lenguas.* Crítica. Barcelona, 2010.

CICERÓN, Marco Tulio. *Cato maior seu de senectute.* Editorial Bibliográfica Española. Madrid, 1944.

__, *Cartas a Ático.* Universidad Nacional Autónoma de México. México, 1975.

__, *Disputaciones tusculanas.* Gredos. Madrid, 2005.

CIORAN, E.M. *Silogismos de la amargura.* Laia. Barcelona, 1986.

CLARK, Ronald. *Russell.* Salvat. Barcelona, 1984.

COROMINAS, Joan y PASCUAL José A. *Diccionario crítico etimológico castellano e hispánico, vol. V,* 4.ª ed. Gredos. Madrid, 2001.

CRAVERI, Benedetta. *La cultura de la conversación.* Siruela. Madrid, 2003.

CSÍKSZENTMIHÁLYI, Mihály. *Fluir (Flow): una psicología de la felicidad.* Kairós. Barcelona, 1997.

DA VINCI, Leonardo. *Escritos literarios y filosóficos.* Aguilar. Madrid, 1930.

DARWIN, Charles. *El origen del hombre.* Ed. F. Sempere. Valencia, ca. 1910.

DWECK, Carol. *Mindset. La actitud del éxito.* Sirio. Málaga, 2016.

Enciclopedia Universal Ilustrada, vol. 6. Espasa-Calpe. Madrid, 1909.

EPICURO. *Carta a Meneceo y Máximas capitales.* Alhambra. Madrid, 1985.

ERASMO DE ROTERDAM. *Elogio de la locura.* Aguilar. Madrid, 1970.

FIELDING, Henry. *Miscellanies*, 2 vol. Gale ECCO, Print Editions. Farmington Hills, 2010.

FILLOUX, Jean-Claude. *Epistomología, ética y ciencias de la educación.* Encuentro Grupo Editor. Córdoba, Argentina, 2008.

FRANK, Herbert. *Van Gogh.* Salvat. Barcelona, 1984.

GARCÍA-ALBI, I. e ISAMAT, M. *¿Por qué mi hijo se parece a su abuela?: Y otras cuestiones genéticas.* Debate. Barcelona, 2010.

GARDNER, Howard. *Inteligencias múltiples: La teoría en la práctica (Educación).* Planeta. Barcelona, 2019.

GOMBAUD, Antoine. *Oeuvres complètes.* Klincksieck. París, 2008.

GRACIÁN, Baltasar. *Oráculo manual y arte de prudencia.* Alianza. Madrid, 1994.

GRIMAL, Pierre. *Séneca.* Gredos. Barcelona, 2023.

HEMLEBEN, Johannes. *Galileo.* Salvat. Barcelona, 1984.

HERNÁNDEZ, Miguel. *Sentado sobre los muertos.* En *Viento del pueblo.* Ediciones de la Torre. Madrid, 1992.

HOFFER, Eric. *El verdadero creyente.* Tecnos. Madrid, 2009.

HOMERO. *La Ilíada.* Trad. Agustín García Calvo. Lucina. Zamora, 1995.

HORACIO. *Sátiras. Epístolas. Arte poética*, Horacio. Gredos. Madrid, 2008.

HUME, David. *Investigación sobre los principios de la moral.* Alianza. Madrid, 2006.

HUXLEY, Julian y KETTLEWEL, H.D.B. *Darwin.* Salvat. Barcelona, 1984.

IBÁÑEZ, Ana. *Sorprende a tu mente.* Planeta. Barcelona, 2023.

IBÁÑEZ, Jesús. *Del algoritmo al sujeto.* Siglo XXI editores. Madrid, 1998.

KAHNEMAN, Daniel. *Pensar rápido, pensar despacio.* Debate. Barcelona, 2012.

LA BRUYÈRE, Jean de. *Les Caractères ou les Moeurs de ce siècle.* Chez Estienne Michallet. París, 1688.

LLANERAS, Kiko. *Piensa claro.* Debate. Barcelona, 2022.

MANNIX, Kathryn. *Cuando el final se acerca. Cómo afrontar la muerte con sabiduría.* Trad. María Porras Sánchez. Debolsillo. Barcelona, 2020.

MARCO AURELIO. *Meditaciones.* Temas de Hoy. Madrid, 1994.

MEHRABIAN, Albert. *Silent Messages: Implicit Communication of Emotions and Attitudes.* Wadsworth Pub Co, 2nd edition. Belmont, 1980.

MONTAIGNE, Michel de. *Ensayos*, 3 vol. Cátedra. Madrid, 2006.

MONTOLÍO, Estrella. *Cosas que pasan cuando conversamos.* Ariel, 3.ª ed. Barcelona, 2021

MOOREHEAD, Alan. *Churchill.* Salvat. Barcelona, 1984.

MORELLET, M. *Éloges de Madame Geoffrin contemporaine de Madame Du Deffand: suivis de lettres de Madame Geoffrin et à Madame Geoffrin et d'un essai sur la conversation.* Nicolle. La Fontennelle, 1812.

NEGREIROS DO AMARAL, Maria das Vitórias. «Arte (auto)educación para la conciencia de uno mismo y del otro». *Communiars. Revista de Imagen, Artes y Educación Crítica y Social*, n.º 5, 2021. Universidad de Sevilla.

NIETZSCHE, Friedrich. *Ecce homo.* Alianza. Madrid, 1976.

NOVO, Javier. *Genes, microbios y células.* RBA. Barcelona, 2011.

ORTEGA, Arturo. *El gran libro de las frases célebres.* Penguin Random House. México, 2013.

PLATÓN. *Fedro.* Instituto de Estudios Políticos. Madríd, 1970.

PROUST, Marcel. *En busca del tiempo perdido, II: A la sombra de las muchachas en flor.* Alianza. Madrid, 1993.

QUEVEDO, Francisco de. *El Parnaso español*, 2 vol. Espasa. Barcelona, 2020.

REID, Robert. *Marie Curie.* Salvat. Barcelona, 1984.

REMAUD, Olivier. *Soledad voluntaria.* Trad. Marta Cabanillas. Gallo Nero. Madrid, 2022.

ROGERS, Carl R. *El proceso de convertirse en persona: mi técnica terapéutica.* GBS. Barcelona, 2000.

ROJAS MARCOS, Luis. *Somos lo que hablamos.* Grijalbo. Barcelona, 2019.

RUSELL, Bertrand. *Sobre Dios y la religión.* Alcor. Madrid, 1992.

__, *Historia de la filosofía occidental*, vol. 2. Espasa-Calpe. Madrid, 1997.

SAFRANSKI, Rudiger. *Shopenhauer y los años salvajes de la filosofía.* Trad. José Planells Puchades. Alianza. Madrid, 1998.

Sagrada Biblia. Editorial Sopena Argentina, 1959.

SILVA IRARRÁZAVAL, Trinidad. *Epicuro, un estudio de su doctrina a partir de la carta a Heródoto.* Pontificia Universidad Católica de Chile. Santiago de Chile, 2008.

SIMMEL, Georg. *Sociología. Estudios sobre las formas de socialización.* Espasa-Calpe. Buenos Aires, 1939.

STEINER, George. *Presencias reales.* Destino. Barcelona, 1991.

STENDHAL. *Del Amor.* Traducción y prólogo de José Ortega y Gasset. Alianza. Madrid, 1995.

TURKLE, Sherry. *En defensa de la conversación. El poder de la conversación en la era digital.* Ático de los Libros, Barcelona, 2017.

VALÉRY, Paul. *Malos pensamientos & otros.* Abada. Madrid, 2021.

VÖGTLE, Fritz. *Edison.* Salvat. Barcelona, 1984.

VOLTAIRE. *El hombre de los cuarenta escudos.* En *Novelas y cuentos,* Voltaire. Universidad de Puerto Rico. San Juan de Puerto Rico, 1971.

WILDE, Óscar. *El retrato de Dorian Gray.* Salvat. Barcelona, 1970.

WITTGENSTEIN, Ludwig. *Aforismos. Cultura y valor.* Espasa-Calpe. Barcelona, 1996.

WOLF, Maryanne. *Cómo aprendemos a leer.* Ediciones B. Barcelona, 2007.

ZI, Lao. *El libro del Tao.* Alfaguara. Madrid, 1978.

HEMEROGRAFÍA

ALEMANYSARA CASTRO, Pau. «Sillas vacías en la universidad: "Preferiría aprovechar el tiempo adelantando la asignatura por mi cuenta"». *El País,* 23 diciembre 2023.
https://elpais.com/educacion/2023-12-23/sillas-vacias-en-la-universidad-preferiria-aprovechar-el-tiempo-adelantando-la-asignatura-por-mi-cuenta.html

AMIGUET, Lluís. «"Para ir del problema a la solución, el camino más directo es divagar"». *La Vanguardia,* 14 diciembre 2022.
https://www.lavanguardia.com/lacontra/20221214/8643882/problema-solucion-camino-mas-directo-divagar.html

—, «Al leer, el cerebro interconecta vista, olfato, gusto, tacto…». *La Vanguardia,* 8 septiembre 2023.
https://www.lavanguardia.com/lacontra/20230908/9212542/sebastia-serrano-leer-cerebro-interconecta-vista-olfato-gusto-tacto.html

ANSEDE, Manuel. «Ana Crespo, presidenta de la Real Academia de Ciencias: "La endogamia de la universidad española todavía pesa demasiado"». *El País,* 28-8-2004.
https://elpais.com/ciencia/2024-08-28/ana-crespo-presidenta-de-la-real-academia-de-ciencias-la-endogamia-de-la-universidad-espanola-todavia-pesa-demasiado.html

BAILEY, Spencer. «El eterno Tadao Ando». Revista *Surface,* n.º 115, febrero 2015.

BELKIN, Douglas. «Cómo respondieron las universidades a las preguntas sobre su desempeño en la prueba College Learning Assessment Plus». *The Wall Street Journal,* 5 junio 2017.

CORBELLA, Josep. «El atlas más detallado del cerebro humano abre una nueva era en la neurociencia». *La Vanguardia,* 12 octubre 2023. Las células gliales son las encargadas de mantener y complementar a las neuronas.

https://www.lavanguardia.com/ciencia/20231012/9294670/atlas-mas-detallado-cerebro-humano-abre-nueva-neurociencia.html

DALLO, Eva. «La "generación muda". Jóvenes que ya no hablan por teléfono porque "me van a tener media hora contándome penas"». *El Mundo*, 29-12-2022.
https://www.elmundo.es/yodona/actualidad/2022/12/29/6399c72c21efa054748b459f.html

DE QUEROL, Ricardo. «De la criptomnesia, el plagio que dicen inconsciente, no se libra ni Taylor Swift». *El País,* 16-9-2024.
https://elpais.com/television/2024-09-16/de-la-criptomnesia-el-plagio-que-dicen-inconsciente-no-se-libra-ni-taylor-swift.html

FOX, Margarit. «Frank Bender, "recompositor" de *Faces of the Dead*, muere a los 70 años». *The New York Times.*
https://www.nytimes.com/2011/07/31/us/31bender.html

GIOVIO, Eleonora. «Desnudos al hablar en público: "Nadie te enseña oratoria, te genera inseguridad y sudores fríos"». *El País,* 28-8-2024.
https://elpais.com/educacion/2024-08-28/desnudos-al-hablar-en-publico-nadie-te-ensena-oratoria-te-genera-inseguridad-y-sudores-frios.html

GÓMEZ URZAIZ, Begoña. «Internet nos sirve cosas para no pensar, y nos las tragamos: ¿el "scroll" nos pudre el cerebro?». *La Vanguardia,* 14-12-2024.
https://www.lavanguardia.com/vivo/tendencias/20241214/10196150/internet-sirve-cosas-pensar-tragamos-scroll-pudre-cerebro.html

GONZÁLEZ PASCUAL, Alberto. «Silicon Valley: cuando los autodidactas se enfrentan a los universitarios». *El País,* 13 marzo 2018.
https://elpais.com/retina/2018/03/12/talento/1520870058_688759.html

JARQUE, Jordi. «Los beneficios de escribir tu diario», *La Vanguardia,* 20 septiembre 2013, actualizado 15 octubre 2013.
https://www.lavanguardia.com/estilos-de-vida/20130920/54389788499/los-beneficios-de-escribir-tu-diario.html

KALMANOVITZ G., Manuel. «Stanley Kubrick, el genio autodidacta». *El Tiempo*, 9 marzo 1999.
https://www.eltiempo.com/archivo/documento/MAM-891708

LEE, Phillip R. «Medicina y salud pública en la República Popular China». *Western Journal of Medicine* 120, n.º 5, 1974.

LLANERAS, Kiko. «Hace un año hicimos sesenta predicciones para 2023. ¿Acertamos?». *El País*, 8 enero 2024.
https://elpais.com/actualidad/newsletter-kiko-llaneras/2024-01-08/hace-un-ano-hicimos-sesenta-predicciones-para-2023-acertamos.html

MEDIAVILLA, Daniel. «Ricard Solé, físico: "Para aprender, el libro de papel es mucho más poderoso que cualquier medio digital"». *El País*, 29 diciembre 2022, actualizado 2 enero 2023.
https://elpais.com/salud-y-bienestar/2022-12-29/ricard-sole-neurocientifico-para-aprender-el-libro-de-papel-es-mucho-mas-poderoso-que-cualquier-medio-digital.html

MUÑOZ LORENTE, Gerardo. «Eutanasia». *Información*, 6 enero 1992, p. 2.

PEÑA, Adelaida de la. «No todo el mundo la tiene y suele adoptar cuatro arquetipos: cómo es la voz interior». *La Vanguardia*, 9 octubre 2023.
https://www.lavanguardia.com/vivo/psicologia-salud-mental/20231009/9262370/pensar-voz-interior.html

PINEDO, Carolina. «¿Por qué es bueno que tu hijo hable solo?». *El País*, 15-9-2024.
https://elpais.com/mamas-papas/familia/2024-09-15/por-que-es-bueno-que-tu-hijo-hable-solo.html

REBÓN, Marta. «Elogio de la conversación». *El País*, 9 junio 2019.
https://elpais.com/elpais/2019/06/04/eps/1559648700_232761.html

SÁEZ, Cristina. «Los científicos descubren por qué los niños aprenden mucho más rápido que los adultos». *La Vanguardia*, 15 noviembre 2022.

SILIÓ, Elisa. «Carles Ramió: "El título universitario solo va a servir para ser funcionario si el mercado reconoce a otros"». *El País,* 8 enero 2023. https://elpais.com/educacion/universidad/2023-01-08/carles-ramio-el-titulo-universitario-solo-va-a-servir-para-ser-funcionario-si-el-mercado-reconoce-a-otros.html

__, «Robert J. Sternberg, psicólogo: "Tus habilidades intelectuales cambian, la inteligencia se va aprendiendo"». *El País,* 20 junio 2023. https://elpais.com/educacion/2023-06-20/robert-j-sternberg-psicologo-tus-habilidades-intelectuales-cambian-la-inteligencia-se-va-aprendiendo.html

__, «Un experto en pantallas y educación de Estados Unidos: "Mis alumnos no entienden la escritura a mano"». *El País,* 4 enero 2024.

SOUFI, Daniel. «El último gran misterio de la mente: ¿eres de los que escuchan una voz en su cabeza o de los que no?». *El País,* 13 octubre 2023. https://elpais.com/icon/2023-10-13/el-ultimo-gran-misterio-de-la-mente-eres-de-los-que-escuchan-una-voz-en-su-cabeza-o-de-los-que-no.html

TOBAR, Héctor. «Investigadores encuentran que leer una novela ejercita los "músculos" del cerebro». *Los Angeles Times,* 3 enero 2014. https://www.latimes.com/books/la-xpm-2014-jan-03-la-et-jc-reading-a-novel-makes-muscles-in-the-brain-researchers-find-20140103-story.html

ZAFRA, Ignacio. «Los niños que leen en casa con sus padres llevan medio curso de ventaja respecto a los que no lo hacen». *El País,* 28 octubre 2022.
https://elpais.com/educacion/2022-10-28/los-ninos-que-leen-en-casa-con-sus-padres-llevan-medio-curso-de-ventaja-respecto-a-los-que-no-lo-hacen.html

ZUBALBEASCOA, Anatxu. «Henry Marsh: "Prepararse para morir tiene mucho que ver con haber tenido una buena vida"». *El País,* 25 marzo 2023.

https://elpais.com/eps/2023-03-25/henry-marsh-prepararse-para-morir-tiene-mucho-que-ver-con-haber-tenido-una-buena-vida.html

INTERNET

BAHAMÓN LOZANO, José Hernando. *El aprendizaje individual permanente: ¿cómo lograr el desarrollo de esta capacidad de los estudiantes?* Universidad ICESI. Cali, Colombia.
http://repository.icesi.edu.co/biblioteca_digital/handle/10906/930

BARRERA, María Laura de la y DONOLO, Danilo. «Neurociencias y su importancia en contextos de aprendizaje». *Revista Digital Universitaria*, 10 de abril de 2009, vol. 10, n.º 4
https://www.revista.unam.mx/vol.10/num4/art20/int20-4.htm#up

BBC: «Quiénes eran los "doctores descalzos" y cómo lograron reducir las peores epidemias de China durante la era de Mao Zedong», 4 marzo 2018.
https://www.bbc.com/mundo/noticias-43263663

BBC: «¿Hasta qué edad se puede aprender un idioma y conseguir hablarlo con fluidez?», 1 mayo 2018.
https://www.bbc.com/mundo/noticias-43969448

BIRCH, Jenna. «Estadística impactante: el 25 por ciento de las personas contesta el teléfono durante las relaciones sexuales». *Yourtango.*
https://www.yourtango.com/201165808/shocking-stat-25-percent-people-answer-phone-during-sex

BUCKNER, Randy L., ANDREWS-HANNA, Jessica R. y SCHACTER, Daniel L. «La red predeterminada del cerebro: anatomía, función y relevancia para la enfermedad». Revista *Annals of the New York Academy of Sciences* n.º 1124. Nueva York, 2008. National Library of Medicine:
https://pubmed.ncbi.nlm.nih.gov/18400922/

CLARK, Carol. «Una mirada novedosa a cómo las historias pueden cambiar el cerebro». *Emory University.*
https://news.emory.edu/stories/2013/12/esc_novels_change_brain/campus.html

Competencias clave para el aprendizaje permanente. Un Marco de Referencia Europeo. Comisión Europea, 2004.
https://www.educacionyfp.gob.es/dctm/ministerio/educacion/mecu/movilidad-europa/competenciasclave.pdf?documentId=0901e72b80685fb1

CRISTÓBAL, M.ª Luz. «El futuro es de los autodidactas». *Magisterio,* 12 marzo 2019.
https://www.magisnet.com/2019/03/el-futuro-es-de-los-autodidactas/

Diccionario de la Real Academia Española
https://dle.rae.es/

Educapeques. «Autoeducación. El Método Montessori una educación creativa».
https://www.educapeques.com/escuela-de-padres/autoeducacion.html

«El Manifiesto de la Lectura de Liubliana».
https://readingmanifesto.org/#

FACIONE, Peter A. *Pensamiento Crítico: ¿Qué es y por qué es importante?*
https://eduteka.icesi.edu.co/pdfdir/PensamientoCriticoFacione.pdf

FLORES MARTÍNEZ, Norma y DIÉGUEZ TORRES, Vivian. *La lectura y la comunicación.* Univ. Coruña.
https://ruc.udc.es/dspace/bitstream/handle/2183/7982/LYT_8_1996_art_19.pdf?sequence=1&isAllowed=y

FRANK, Sebastian M., BECKER, Markus, QI, Andrea, GEIGER, Patricia, FRANK, Ulrike I., ROSEDAHL, Luke A., MALLONI, Wilhelm M., SASAKI, Yuka, GREENLEE, Mark W. y WATANABE,

Takeo. «Efficient learning in children with rapid GABA boosting during and after training». *Current Biology*, 5 diciembre 2022. https://www.cell.com/current-biology/pdfExtended/S0960-9822(22)01629-3

GARCÍA-ALLEN, Jonathan. «GABA (neurotransmisor): qué es y qué función desempeña en el cerebro». *Psicología y Mente*, 21 abril 2016 https://psicologiaymente.com/neurociencias/gaba-neurotransmisor

HackerRank «Informe del desarrollador estudiantil 2018». https://www.hackerrank.com/research/student-developer/2018

La educación encierra un tesoro. Informe a la UNESCO de la Comisión Internacional sobre la Educación para el Siglo XXI. Compendio. https://unesdoc.unesco.org/ark:/48223/pf0000109590_spa/PDF/109590spao.pdf.multi

laSexta.com. Europa Press: https://www.lasexta.com/noticias/ciencia-tecnologia/aprenden-adultos-mas-rapido-que-ninos-estudio-afirma-explica-razon_20221115637 3bc9d24a04a0001d2fecd.html

LAZAR, Sara W.; KERR, Catherine E.; Wasserman, Rachel H.; GRAY, Jeremy R.; GREVE, Douglas N.; TREADWAY, Michael T.; MCGARVEY, Metta; QUINN, Brian T.; DUSEK, Jeffery A.; BENSON, Herbert; RAUCH, Scott L.; MOORE, Christopher I.; y FISCHL, Bruce. «La experiencia de meditación se asocia con un aumento del grosor cortical». *NeuroReport*: https://journals.lww.com/neuroreport/abstract/2005/11280/meditation_experience_is_associated_with_increased.5.aspx

«Lectura y autoaprendizaje: las claves para la educación de la "Nobel de la enseñanza"». *La información*, 15 septiembre 2015. https://www.lainformacion.com/economia-negocios-y-finanzas/lectura-y-autoaprendizaje-las-claves-para-la-educacion-de-la-nobel-de-la-ensenanza_jpthbgdwauniuepifi6a4/

LENHART, Amanda y DUGGAN, Maeve. «Las parejas, Internet y las redes sociales». *Pew Research Center,* 11 febrero 2014. https://www.pewresearch.org/internet/2014/02/11/couples-the-internet-and-social-media/

LOBOS, Ivón. «Aprendizaje autónomo y lectura: aportes de la neurociencia». *Edubiblio* https://edubiblio.com/aprendizaje-autonomo-y-lectura-aportes-de-la-neurociencia/

Los Sueños de Piedra. «Isaac Asimov; tecnología y educación». https://lossuenosdepiedra.wordpress.com/2012/12/10/h-isaac-asimov-tecnologia-y-educacion-h/

MAESTRE, Josefina. «Lars Svensson, sabio de los pájaros y autor de una de las guías de mayor trascendencia en Europa». *SEOBirdLife:* https://seo.org/lars-svensson-sabio-de-los-pajaros-y-autor-de-una-de-las-guias-de-mayor-trascendencia-en-europa/

MIR, Montserrat. *La lectura como base para la comunicación oral.* https://cvc.cervantes.es/ensenanza/biblioteca_ele/asele/pdf/21/21_1155.pdf

NANDA, Namrata. *La verdad sobre la originalidad.* https://www.ouriginal.com/es/la-verdad-sobre-la-originalidad/#:~:text=La %20originalidad %20es %20la %20base %20de %20toda%20innovaci%C3%B3n%20y%20creatividad,formas%20de%20hacer %20las %20cosas

National Library of Medicine: https://www.ncbi.nlm.nih.gov/pmc/articles/PMC1361002/

NeuroDoza: «Cómo se modifica el cerebro con la imaginación». https://neurodoza.com/como-se-modifica-el-cerebro-con-la-imaginacion/

NEWMAN, Jonathan. «Cuatro razones por las que los grados universitarios se están convirtiendo en inútiles». *Mises Wire.*
https://mises.org/es/wire/cuatro-razones-por-las-que-los-grados-universitarios-se-estan-convirtiendo-en-inutiles

Nuevo Tesoro Lexicográfico de la Lengua Española
https://apps.rae.es/ntlle/SrvltGUILoginNtlle

PARDO, Lisandro. «El 65 % de los desarrolladores actuales es autodidacta. Habilidad sobre títulos, la nueva regla». *Neoteo.*
https://www.neoteo.com/el-65-por-ciento-de-los-desarrolladores-es-autodidacta/

PORCEL, Beatriz. *Aislamiento, soledad, solitud: Hannah Arendt y las formas de no estar con otros.*
https://periodicos.ufpi.br/index.php/ca/article/view/2171

RABBANI, Rosa. «Visualizaciones: cómo usar la imaginación a nuestro favor».
https://www.cuerpomente.com/psicologia/cerebro/visualizaciones-como-usar-imaginacion-nuestro-favor_1211

ROJANO SIMÓN, Marta. «La *padeia* griega». *Temas para la Educación*, n.º 5, noviembre 2009.
https://www.feandalucia.ccoo.es/docu/p5sd6290.pdf

SHERMAN, Erik. «¿Uso del teléfono celular durante las relaciones sexuales? Créelo». *CBS NEWS*, 22 julio 2013.
https://www.cbsnews.com/news/cell-phone-use-during-sex-believe-it/

The New York Academy of Sciences:
https://nyaspubs.onlinelibrary.wiley.com/doi/10.1196/annals.1440.011

«The Unviersity: The Social Emotional Well-Being of College Students». Aspen Ideas Festival, July, 1, 2014.
https://www.aspenpublicradio.org/show/aspen-ideas-festival

TRIGLIA, Adrián. «Criptomnesia: cuando tu cerebro se plagia a sí mismo». *Psicología y Mente*, 6-6-2015.
https://psicologiaymente.com/neurociencias/criptomnesia-cerebro-plagia

UNESCO: https://unesdoc.unesco.org/ark:/48223/pf0000232697

VON KLEIST, Heinrich. *Sobre la elaboración paulatina de pensamientos al hablar.*
https://literaturaalemanaunlp.files.wordpress.com/2011/05/kleist-heinrich-von-narraciones.pdf

WALKER, Andrew. «Caras de la semana. Quentin Tarantino». *BBC NEWS*, 14 mayo 2004.
http://news.bbc.co.uk/2/hi/uk_news/magazine/3712013.stm

Wikipedia:
https://es.wikipedia.org/wiki/Maria_Montessori
https://es.wikipedia.org/wiki/Red_neuronal_por_defecto

YANES, Javier. «Konstantín Tsiolkovsky, de campesino sin estudios a padre de la astronáutica». *OpenMindBBVA:*
https://www.bbvaopenmind.com/ciencia/grandes-personajes/konstantin-tsiolkovsky-de-campesino-sin-estudios-a-padre-de-la-astronautica/

ZUBEROA MARCOS. «No temas equivocarte, nunca es tarde para aprender. Carol Dweck, psicóloga e investigadora». BBVA:
https://aprendemosjuntos.bbva.com/especial/la-mentalidad-que-puede-cambiar-la-vida-de-un-nino-carol-dweck/